Philipp Hartmann
50 Filme für egal was kommt

Philipp Hartmann, geboren 1994, studierte Kunstgeschichte und Philosophie an der Ludwig-Maximilians-Universität München und anschließend Produktion und Medienwirtschaft an der Hochschule für Fernsehen und Film München. Sein Abschlussfilm ›An der Wand‹ feierte Premiere auf dem Filmfestival Max Ophüls Preis in Saarbrücken. Er ist im Bereich der Stoffentwicklung für Serien sowie als freier Journalist tätig.

Philipp Hartmann

50 FILME FÜR EGAL WAS KOMMT

dtv

© Originalausgabe 2022 dtv Verlagsgesellschaft mbH & Co. KG, München

Das Werk ist urheberrechtlich geschützt. Jede Verwertung ist nur mit Zustimmung des Verlages zulässig. Das gilt insbesondere für Vervielfältigungen, Übersetzungen und die Einspeicherung und Verarbeitung in elektronischen Systemen.
Umschlaggestaltung: FAVORITBUERO, München
Umschlagmotiv: Malte Mueller / Getty Images
Satz: Nadine Clemens, München
Gesetzt aus der Dante MT Pro
Druck und Bindung: Friedrich Pustet, Regensburg
Printed in Germany · ISBN 978-3-423-29045-6

INHALT

PACKUNGSBEILAGE

EIN JUNGER MANN liegt auf einer Luftmatratze in einem Pool. Er treibt vor sich hin, ohne festen Boden unter den Füßen, plan- und ziellos – und ein wenig verloren. Dieser Mann ist Benjamin, die Hauptfigur aus dem Film ›Die Reifeprüfung‹. Ich sitze im Kino und sehe dieses Bild auf der Leinwand vor mir. Und obwohl das dem ersten Anschein nach eine total banale Szene ist, kommen mir die Tränen. Dieser Mann auf der Luftmatratze, denke ich, das bin ich. Auch ich schwimme in Ungewissheit, ohne eine Ahnung, ob ich meine Züge in die richtige Richtung mache und ob ich irgendwo wieder festen Boden unter den Füßen finden werde. Dieser Film fängt in diesem Moment mein Innenleben in einem einzigen Bild ein. Und auch wenn er mir nicht dabei hilft, an Land zu kommen, nimmt er mir doch meine Angst, unterzugehen. Denn, so wird mir klar, ich bin nicht der Einzige, der nicht weiß, wohin. Der überwältigt ist von der Fülle der Möglichkeiten und der Unmöglichkeit, die richtige Entscheidung zu treffen. Das, was ich erlebe, verstehe ich, ist normal, notwendig sogar, um mich auf mich selbst zu besinnen und herauszufinden, was mir wichtig ist. Zwar ändert das nichts an der Situation, in der ich gerade stecke, doch fühle ich mich durch die Erfahrung, dass es auch anderen so geht wie mir, getröstet.

DIE GRUNDIDEE DIESES BUCHES

Wir alle werden in unserem Leben mit Krisen konfrontiert. Uns treiben Zukunftsängste, Liebeskummer oder Sinnfragen um. Immer wieder fühlen wir kleinen und großen Schmerz. Das bedeutet nicht, dass wir alle eine Therapie brauchen – doch müssen wir diesen Kummer, der einfach zum Leben dazugehört, auch nicht allein durchstehen. Zum Glück sind wir nicht die Ersten, die vor solche emotionalen Herausforderungen gestellt werden.

Das Kloster St. Gallen in der Schweiz beherbergt eine über tausend Jahre alte Bibliothek. Dort reichen Holzregale bis unter die Decke, es riecht modrig, aber auf eine angenehme Weise, und der Boden knarzt, selbst wenn man ganz vorsichtig darübergeht. Über dem Eingang befindet sich eine griechische Inschrift in einem vergoldeten Rahmen: »Psychēs iatreion« steht dort, was sich ins Deutsche in etwa übersetzen lässt als »Apotheke für die Seele«.

Diese Inschrift ist genauso simpel wie faszinierend, denn sie gibt den Tausenden Büchern, die dort stehen, auf einmal eine ganz andere Bedeutung: Dort, in den Regalen, stehen nicht nur Bücher, sondern Arzneien. Hinter dem Glas der Vitrinen liegen aus Weisheit gewonnene Heilmittel. Und der Bibliothekar ist nicht nur dazu da, darauf zu achten, ob man die Leihfrist eingehalten hat, sondern auch ein Apotheker, der für jedes emotionale Wehwehchen ein Gegenmittel parat hat.

Diese Idee, dass Geschichten und Erzählungen nicht nur unterhalten oder faszinieren, sondern auch eine Art »Medizin« für unser Innenleben sein können, war das Motto dieser Bibliothek – und ist auch die Grundidee dieses Buches.

Für die Mönche im Kloster waren vielleicht die Erzählungen der Bibel Seelentröster und Quelle von Weisheit und Einsicht. Und so spannend die Idee einer Kirche, also eines Ortes, an dem man zusammenkommt, um gemeinsam über die großen Fragen des Lebens nachzudenken, auch ist, so ist sie doch für immer weniger Menschen noch fester Bestandteil des Lebens. Wenn es nach diesem Buch geht, gibt es aber einen anderen Ort, an dem Geschichten uns Trost spenden und uns dabei helfen, über unser Leben zu reflektieren: Das Kino!

Dieses Buch ist eine Einladung, Filme (und auch Serien) neu zu entdecken – nicht über den Verstand, sondern über das Gefühl. Dabei sollen die Filme, die hier vorgeschlagen werden, eines ganz klar nicht tun: Eine Lösung bieten. Sie sind keine Anleitungen, wie man mit einem Problem umgeht. Vielmehr sollen sie Erfahrungen ähnlich der eingangs geschilderten ermöglichen: Ein Erlebnis, wie als würde man einen traurigen Song hören, wenn einem gerade das Herz gebrochen wurde. Ziel ist es, sich selbst in einer Geschichte wiederzufinden, um sich mit seinem Problem nicht allein, sondern verstanden und aufgehoben zu fühlen.

ZUR FILMAUSWAHL

Diese Auswahl von 50 Filmen ist ein buntes Sammelsurium, das Liebes-, Action- und Arthouse-Film gleichermaßen zusammenbringt. Sie beruht auf dem Blog FIRST AID FILMS, den ich seit 2021 auf Instagram betreibe. Jeder der Filme soll ein anderes Problem, vor das wir im Leben gestellt werden, behandeln. Zur besseren Übersicht gliedert sich die Auswahl in sieben Themenbereiche: Liebe & Beziehungen, Beruf & Karriere, Familie & Erwachsenwerden, Sex & Intimität, Trauer & Verlust, Körper & Geist und Leben & Sinn.

Der Fokus liegt dabei stärker auf Filmen als auf Serien und zwar aus einem ganz einfachen Grund: Erstens sind Filme kürzer – und so das schneller wirkende Antidot. Zweitens sind sie aber auch in sich abgeschlossene Erzählungen, die einen vollständigen inneren Entwicklungsprozess beschreiben. In Filmen geht es darum, dass wir uns mit der Hauptfigur auf den Weg der Reifung, die sogenannte »Heldenreise«, begeben. In Serien wird diese Entwicklung möglichst lange hinausgezögert, die Hauptfigur immer wieder in unlösbare Dilemmata gesperrt, um die Spannung aufrechtzuerhalten. Deswegen befinden sich in dieser Auswahl vorzugsweise »Miniserien«, die bereits nach einer Staffel abgeschlossen sind, oder solche Serien, die geschlossene Geschichten in einzelnen Episoden oder der ersten von mehreren Staffeln erzählen.

WAS KINO KANN

Die Idee, dass Geschichten ein Spiegel eigener Gefühle sein können und uns im Umgang mit uns selbst zur Seite stehen, ist übrigens alles andere als neu. Bereits in der Antike bezeichnete der Begriff »Katharsis« eine ähnliche Erfahrung: Wörtlich übersetzt bedeutet er »Reinigung« und beschreibt das Phänomen, durch Geschichten psychologische Zustände auszuleben, um sie zu verarbeiten.

Bei der tieferen Auseinandersetzung mit Filmen, und Kunst im Allgemeinen, ist dieser Aspekt heute zugunsten einer anderen Vorstellung vielleicht etwas in den Hintergrund gerückt: Schulunterricht, Museen und Zeitungsartikel legen uns manchmal nahe, Zugang zu Kultur bestünde vordergründig im Verstehen eines Werkes. Man soll geschichtlich einordnen, vergleichen und analysieren. Und auch wenn diese Tätigkeit spannend und erfüllend ist, ist sie nicht die einzige Möglichkeit, sich mit Kunst auseinanderzusetzen – und kann den Blick auf sie auch verzerren. Auf gewisse Weise lassen wir uns nämlich den besten Teil der Kunst entgehen, wenn wir ihr uns nur über den Kopf nähern, statt uns von ihr berühren zu lassen.

Dieses Buch soll dazu ermutigen, im wahrsten Sinne des Wortes einen anderen Blick zu wagen. Einen, der sich der Welt der Filme und Serien nicht über den Intellekt, sondern über die Intuition und Empathie nähert.

Das besondere am filmischen Erzählen ist schließlich, dass es nicht unbedingt Sprache braucht, um ein Gefühl zu fassen. In Bildern kann es Stimmungen, Momente oder Beziehungen manchmal besser beschreiben, als wir es mit Worten je könnten. Denn, so ist der feste Glaube dieses

Buches, Filme sprechen zu jedem von uns – auch ohne viel Vorwissen. Wir alle können uns berühren lassen, egal ob eingeschworener Filmfan oder Kinoneuling. Über das Gefühl können wir Klassiker neu kennenlernen, eine andere Perspektive auf unsere *guilty pleasures* entdecken oder einen Zugang zu Arthouse-Kino finden, der uns sonst vielleicht verwehrt bliebe.

RISIKEN UND NEBENWIRKUNGEN

Damit mit diesem emotionalen Verbandskasten von Filmen auch jeder seine richtige Behandlung erfährt, sei vorab noch auf ein paar Risiken und Nebenwirkungen eingegangen.

Dieses Buch ist ein Angebot, sich mit Filmen auf eine neue Weise auseinanderzusetzen. Es ist konzipiert als ein Begleiter durch den Alltag – und soll nicht mehr als das sein. Die einzige Grundlage sind meine Filmkenntnisse und meine persönliche Lebenserfahrung. Es bietet deswegen auch nur eine bestimmte Sichtweise auf die Welt, in der eine Vielzahl anderer Perspektiven und Erfahrungen fehlen. Nicht, weil diese nicht von Bedeutung wären, sondern weil ich mich nicht dazu befähigt sehe, zu jedem Thema gleichermaßen etwas beizutragen. So hat dieses

Buch keinen Anspruch auf Vollständigkeit, hegt aber die Hoffnung, dass manche Themen so universell sind, dass sich in dem ein oder anderen Problem jeder wiederfinden kann.

Daran angeschlossen kann dieses Buch in keinster Weise die Fähigkeiten eines Experten, eines Arztes oder Therapeuten ersetzen. Wer mit schwerwiegenden Problemen zu kämpfen hat, sei an dieser Stelle ermutigt, sich professionelle Hilfe zu suchen. Die Filme wurden mit Einfühlsamkeit ausgesucht und sollten auch mit solcher gesehen werden, doch sie sind nicht immer frei von Szenen, die erschrecken können. Recherchieren Sie im Zweifelsfall vorab, ob Genre und Inhalt des Films wirklich etwas für Sie sind (Anlaufstellen für psychologische Hilfe sowie Triggerwarnungen finden sich am Ende dieses Buches).

Dass uns aber manche dieser Filme beim Anschauen durchaus treffen, in dem Sinne, dass sie uns berühren, vielleicht sogar zu Tränen rühren, ist keineswegs etwas Schlechtes. Vielmehr bedeutet es, dass dieses Buch seinen Zweck erfüllt und ich meinen Job richtig gemacht habe. Denn in diesem Moment dringt die Geschichte durch, bricht etwas auf, legt etwas frei. Die Stellen, an denen wir weinen, sind die, mit denen wir uns am meisten beschäftigen müssen.

Natürlich kann es aber ganz im Gegenteil auch geschehen, dass die Lektüre dieses Buches Anlass zu Zynismus gibt und der Impuls entsteht, sich zu verschließen. Zum Beispiel, wenn es so scheint, als würde ein großes Thema zu Unrecht verkürzt werden, als wäre ein Gedanke banal oder eine Aussage ein bloßes Klischee. Hier stimme ich zunächst einmal zu: Manche Einsichten erscheinen uns auf den ersten Blick vielleicht trivial und wurden so oft geäußert, dass sie kaum noch erträglich sind. Aber vielleicht wurden sie auch deswegen ständig wiederholt, weil sie eine Wahrheit in sich tragen – und essenziell für unser Leben sind. Es ist leicht, sie zu verstehen und vorschnell von der Hand zu weisen, doch umso schwerer, sie wirklich zu fühlen. Vielleicht finden wir aber gerade über Geschichten einen besseren Zugang zu Einsichten über das Leben: Indem sie uns nicht erklärt werden, sondern indem wir sie selbst erleben dürfen.

Schließlich: Die Auswahl der Filme in diesem Buch ist sehr verschieden. Es ist alles dabei: Romantische Komödien und Blockbuster, Animiertes und Experimentelles, Drama und Charakterstudie. Damit es nicht zur frustrierenden Nebenwirkung der Langeweile kommt, gibt es zu jeder Filmempfehlung daher auch eine Schwierigkeitsangabe. Diese bezieht sich weniger darauf, wie leicht eine Story zu verstehen ist (denn selbst wenn es uns schwerfällt, beispielsweise die eigenwilligen Regeln einer Science-Fiction-Welt oder die verworrenen Beziehungen mittelalterlicher Adelsfamilien im Detail nachzuvollziehen, hindert uns das nicht ja unbedingt daran, den Film oder die Serie zu genießen). Die Angabe beschreibt vielmehr wie unterhaltsam oder fordernd die Seherfahrung ist. Die Schwierigkeitsgrade gliedern sich in die Kategorien »Einfach«, »Moderat« und »Anspruchsvoll«. Die Kategorie »Einfach« beschreibt in der Tendenz eingängiges »Popcorn-Kino« in dem Humor und Action viel Verwendung finden. »Moderat« hingegen sind eher ruhigere Independent-Filme oder Klassiker, die nicht unbedingt unseren Sehgewohnheiten entsprechen und vielleicht ein wenig mehr Geduld erfordern. »Anspruchsvoll« schließlich sind solche Filme, die sich Zeit lassen, eine Story zu entfalten, in ihrer Erzählweise reduzierter und zurückgenommener – und daher vielleicht auch etwas fordernder – sind.

Wer nicht nicht häufig Filme ansieht oder zur Ungeduld neigt, kann sich zunächst einmal an die leichteren heranwagen. Gleichzeitig soll dieses Buch aber auch eine Ermutigung sein, sich Herausforderungen zu stellen. Denn: Jeder, auch die erfahrensten Filmkenner, langweilen sich beizeiten, müssen den Drang, mal eben schnell aufs Handy zu schauen, unterdrücken und versuchen, nicht die Augen für ein Nickerchen zufallen zu lassen. Der Weg kann manchmal anstrengend sein, doch zahlen sich Geduld und Ausdauer am Ende aus.

Dafür an dieser Stelle ein ganz praktischer Rat: Es ist oft leichter, einen Film im Kino zu sehen als zu Hause. Man hat sich eigens Zeit eingeplant, ein Ticket gekauft und ist in einem abgedunkelten Saal, in dem man sein Handy ausgestellt hat. Nun verfügen die allermeisten von uns aber nicht über ein eigenes Kino (mein ausgesprochener Neid, wenn das doch auf Sie zutrifft!). In dem Fall hilft es, eine Kinosituation zumindest zu simulieren, wenn man schon keine echte herstellen kann. Planen Sie sich bewusst Zeit ein, schalten Sie Ihr Handy aus und versuchen Sie, sich ganz auf den Film einzulassen. Nehmen Sie ihn, wie er kommt und ganz bewusst wahr. Betrachten Sie das ganze wie eine Übung für Ihre Wahrnehmung, wie eine Meditation – dann schaffen Sie jeden Film.

ZUM ABSCHLUSS

… bleibt mir vorerst nichts anderes, als eine »gute Projektion« zu wünschen, wie man es in der Sprache des Kinos manchmal nennt (selbst wenn sich Ihr Seherlebnis nur auf den Laptop auf Ihrem Schoß beschränken sollte). Ich wünsche mir von Herzen, dass diese Filme Ihr Leben bereichern, vielleicht auch auf eine ganz andere Weise, als ich es in diesem Buch geplant habe. Und dass Sie in diesem

Buch – oder auch an ganz anderer Stelle – Ihre persönlichen FIRST AID FILMS finden, die immer für Sie da sind, egal was kommt.

LIEBE & BEZIEHUNGEN

LIEBESFILME HANDELN SELTEN von gelungenen Beziehungen, sondern erzählen stattdessen von deren Gegenteil: der Abwesenheit von (erwiderter) Liebe. Sie zeigen Missverständnisse, verpasste Chancen, Liebeskummer oder Eifersucht. Ein Film darüber, wie glücklich eine Beziehung ist, wäre zugegebenermaßen auch ziemlich langweilig. Schließlich ist das zentrale Element, das eine Geschichte spannend macht, ein starker Konflikt: Je mehr Drama, desto besser.

Das, was nach dem Happy End passiert, in dem das Paar »glücklich bis an sein Lebensende« die Zeit zusammen verbringt, bleibt in der Welt des Films für die Zuschauer zwangsläufig ein Mysterium. Momente des Glücks bekommen wir nie wirklich zu sehen, sondern erahnen sie höchstens als Andeutung. So wird unser Bild von der Liebe mit immensen Erwartungen aufgeladen. Filme erschaffen einen Sehnsuchtsort der romantischen Erfüllungen, an den wir uns immer dann wünschen, wenn wir selbst unglücklich sind. Sei es unglücklich Single, unglücklich verliebt oder unglücklich in einer Beziehung.

Die folgenden Filme bilden da keine Ausnahme. Auch sie handeln von Liebe, die unerwidert oder unausgesprochen bleibt, die zerbricht und versuchsweise wieder zusammengesetzt wird, die verloren geht und manchmal auch wiedergefunden wird. Doch sind es hier nicht die äußeren Umstände, die der Liebe in die Quere kommen, sondern wir selbst: Unsere Erwartungen an dieses Gefühl, unsere Ansprüche daran, wie ein Partner zu sein hat, und unsere Vorstellungen, wie eine Beziehung abzulaufen hat, sind die Hindernisse, die in diesen Filmen reflektiert und so auch überwunden werden können.

Sie zeigen uns eben jenen Ort vermeintlicher Erfüllung – und, wie sich herausstellt, ist dieser nicht immer nur das Paradies. Abseits klassischer romantischer Komödien beschreiben sie die vielen Schattierungen dieses Gefühls und machen klar: Liebe ist eine komplexe Angelegenheit – alles andere wäre ja auch langweilig.

(500) DAYS OF SUMMER

2009 / MARC WEBB

SCHAUEN SIE DIESEN FILM, WENN …

… Ihr Schwarm Ihnen einfach nur perfekt vorkommt.

SCHWIERIGKEIT Einfach

DARUM GEHT ES

Für Tom ist Summer die absolute Traumfrau: Sie ist ein wenig abgedreht, dabei aber total süß. Sie liebt – wie er – die Band »The Smiths« und scheint ihn auch sonst in jeder Hinsicht perfekt zu ergänzen. Es könnte so schön sein zwischen den beiden, nur leider gibt es da ein Problem: Summer will nichts Ernstes.

DESWEGEN SEHENSWERT

›(500) Days Of Summer‹ erzählt von einem Phänomen, das vielleicht jeder Mensch kennt, der schon mal richtig verliebt war: Idealisierung. Wenn wir einen Menschen idealisieren, geht es uns wie Tom, der sich in eine romantisierte Vorstellung von Summer verliebt – und nicht in die Frau, die sie wirklich ist. Durch seine rosarote Brille hat er ein falsches Bild von ihr vor Augen und will nicht sehen, dass sie ihm in Wirklichkeit nicht das geben kann, was er möchte. Die Frage ist: Wird es ihm gelingen, zu reifen und der Realität ins Auge zu blicken?

ICH BIN DEIN MENSCH

2021 / MARIA SCHRADER

SCHAUEN SIE DIESEN FILM, WENN …

… Sie sich nach dem perfekten Partner sehnen.

SCHWIERIGKEIT Einfach

DARUM GEHT ES

Um Gelder für ein Forschungsprojekt aufzubringen nimmt die Archäologin Alma an einer Studie teil. Sie soll den humanoiden Roboter Tom testen, der laut eines Algorithmus der perfekte Partner für sie ist. Alma ist zunächst skeptisch, tut Toms Annäherungsversuche als kitschig ab und hält ihn auf Distanz. Doch dieser lernt aus ihrem Verhalten und passt sich ihr an, bis er ihren Vorstellung entspricht – was in Alma emotionales Chaos auslöst.

DESWEGEN SEHENSWERT

Was macht einen perfekten Partner aus? Ist das ein Wesen, das ganz nach unseren Wünschen gestaltet ist und all unsere Bedürfnisse erfüllt? Oder – im Gegenteil – jemand, an dem wir uns reiben, auf den wir uns einlassen müssen, um an Unterschieden und Kompromissen zu wachsen? ›Ich bin dein Mensch‹ findet darauf keine Antwort, sondern überlegt stattdessen, ob das Konzept des »perfekten Partners« überhaupt sinnvoll ist. Denn vielleicht macht uns erst die Hoffnung, da draußen jemanden zu finden, der all die emotionalen Leerstellen in unserem Leben füllen kann, einsam.

VERGISS MEIN NICHT!

ETERNAL SUNSHINE OF
THE SPOTLESS MIND

2004 / MICHEL GONDRY, CHARLIE KAUFMAN

SCHAUEN SIE DIESEN FILM, WENN …

… Sie dem Dilemma der Liebe begegnen.

SCHWIERIGKEIT Einfach

DARUM GEHT ES

Clementine und Joel lernen sich im Zug nach Montauk kennen und kommen sich langsam näher. Was sie aber nicht (mehr) wissen: Sie kennen sich bereits. Das Paar hat sich getrennt und daraufhin die Erinnerungen aneinander löschen lassen. Als sie aber ihrer gemeinsamen Vergangenheit langsam auf die Spur kommen, werden sie vor die Frage gestellt: Können sie einen Neuanfang wagen in dem Wissen, dass ihre Beziehung schon einmal gescheitert ist?

DESWEGEN SEHENSWERT

›Vergiss mein nicht‹ zeigt: Liebe ist ein gefährliches Unterfangen. Wer sich auf sie einlässt, riskiert, verletzt zu werden. Vielleicht sogar so sehr, dass man – wie Joel und Clementine – danach die Erinnerung an die Person, die einem einst am nächsten stand, löschen möchte. Doch wer dieses Risiko nicht eingeht, kann auch nicht die Erfahrung starker Gefühle und tiefer Verbundenheit machen. So sehr man auch nach auch Auswegen sucht: wer sich verliebt, steckt in einem Dilemma, aus dem es kein Entkommen gibt – nur eine Haltung, die man einnehmen kann: Zuversicht.

NORMAL PEOPLE

**2020 / SALLY ROONEY, ALICE BIRCH,
LENNY ABRAHAMSON UND HETTIE MACDONALD**

SCHAUEN SIE DIESE SERIE, WENN …

… es Ihnen schwerfällt, sich anderen zu öffnen.

SCHWIERIGKEIT Einfach

DARUM GEHT ES

Marianne und Connell sind in der Schule beide Überflieger, stammen aber aus ganz unterschiedlichen Welten: Connells Mutter arbeitet als Putzkraft bei Mariannes Eltern. Während die beiden Teenager erwachsen werden, kreuzen sich ihre Lebenswege, doch führen die beiden nie zusammen. Zwar verlieben sich Marianne und Connell ineinander, doch immer, wenn die Chance besteht, dass mehr aus ihnen wird, trennt sie das Schicksal wieder.

DESWEGEN SEHENSWERT

›Normal People‹ bringt das Lebensgefühl eines Millennials auf der Suche nach Liebe auf den Punkt: Einerseits scheint einem die ganze Welt mit ihren schier endlosen Möglichkeiten offenzustehen, andererseits ist da auch ein ständiges Gefühl des Drucks und der Unsicherheit. Auch Marianne und Connell versuchen sich diesen Ängsten zu stellen, scheitern aber immer wieder daran, ihre eigenen Gefühle zu verstehen und über diese zu sprechen. Um sich wirklich einander zu öffnen, brauchen sie etwas, das nur wenige zeitgenössische Liebesgeschichten zeigen: sehr viel Zeit.

FISH TANK

2009 / ANDREA ARNOLD

SCHAUEN SIE DIESEN FILM, WENN ...
... Sie hoffen, Ihr Partner könnte Ihr Leben in Ordnung bringen.

SCHWIERIGKEIT Anspruchsvoll

DARUM GEHT ES

Die 15-jährige Mia lebt gemeinsam mit ihrer ständig be-
trunkenen Mutter und ihrer kleinen Schwester am Stadt-
rand von Essex. Der harten Realität des Alltags versucht sie
mit Hip-Hop-Tanzen zu entfliehen, bis ihre Mutter ihnen
eines Tages ihren neuen Freund, Connor, vorstellt. Connor ist freundlich, sieht umwerfend aus – und Mia ist sofort
hin und weg.

DESWEGEN SEHENSWERT

Was soll uns ein Partner bieten? Guten Sex? Eine tiefe,
emotionale Verbindung? Für Mia scheint es Hoffnung zu
sein: Dass es da noch etwas anderes gibt, jenseits des
Chaos ihres eigenen Lebens. Vielleicht geht es auch uns
manchmal wie ihr, und wir suchen in einem Partner das,
woran es uns in unserem eigenen Leben mangelt. Doch so
verständlich dieser Wunsch auch sein mag, müssen wir,
wie Mia auch, lernen: Unsere Partner sind nicht unsere
Rettung und niemand, außer uns selbst, kann unser Leben
in Ordnung bringen.

MR. & MRS. SMITH

2005 / DOUG LIMAN

SCHAUEN SIE DIESEN FILM, WENN …

… Sie Streit in Ihrer Beziehung haben.

SCHWIERIGKEIT Einfach

DARUM GEHT ES

In jeder Beziehung kracht es mal – Mr. und Mrs. Smith zücken in dem Fall ihre Waffen. Die beiden sind verheiratet, arbeiten aber als Auftragskiller, ohne dass der jeweils andere davon weiß. Das geht so lange gut, bis sie sich eines Tages bei einem Attentat begegnen – und sich daraufhin gegenseitig eliminieren müssen.

DESWEGEN SEHENSWERT

Auch wenn es im ersten Moment so scheint, als würde alles in die Brüche gehen, kann ein Streit ironischerweise ein Paar näher zusammenbringen. Und zwar dann, wenn er dazu führt, dass beide Partner offen über ihre Gefühle reden. Selbst wenn sie dabei ihr Haus in Schutt und Asche legen, hilft Mr. und Mrs. Smith ein offen ausgetragener Konflikt dabei, ihre Ehe zu retten. Zwar bleiben die beiden weiterhin kampflustig – aber auch immer ein Team.

HER

2013 / SPIKE JONZE

SCHAUEN SIE DIESEN FILM, WENN …

… Sie sich in Ihrer Beziehung auseinandergelebt haben.

SCHWIERIGKEIT Einfach

DARUM GEHT ES

Nach der Scheidung von seiner Frau steht Theodore vor einem Neuanfang. Mit den Dates läuft es nicht so gut, doch dann installiert er eines Tages ein Update auf seinem Smartphone. Fortan steht ihm Samantha, seine neue digitale Assistentin zur Seite. Zwar ist Samantha kein Mensch, sondern ein Betriebssystem, doch das hält die beiden nicht davon ab, sich ineinander zu verlieben.

DESWEGEN SEHENSWERT

Wie kann man sich als Mensch weiterentwickeln, ohne dabei einer Beziehung zu entwachsen? Indem ›Her‹ eine Lovestory zweier Wesen unterschiedlicher Spezies erzählt, findet er eine Metapher für dieses Problem. Denn so wie Theodore und Samantha auch, sind wir alle fundamental verschieden – haben ureigene Bedürfnisse, Wünsche und Träume, die sich manchmal teilen lassen, oft aber in vollkommen unterschiedliche Richtungen gehen. Gelingt es uns nicht, eine gemeinsame Basis zu finden, müssen wir einer schmerzhaften Realität ins Auge blicken: Dass wir, auch wenn wir uns nahestehen, einander manchmal gehen lassen müssen, um wir selbst bleiben zu können.

DIE LIEBESFÄLSCHER

COPIE CONFORME

2010 / ABBAS KIAROSTAMI

SCHAUEN SIE DIESEN FILM, WENN …

… Sie dem Rätsel der Liebe begegnen.

SCHWIERIGKEIT Anspruchsvoll

DARUM GEHT ES

Bei einem seiner Vorträge begegnet der Schriftsteller James einer Antiquitätenhändlerin. Die beiden verbringen einen Tag miteinander und beginnen, ein eigenartiges Spiel zu spielen: Sie geben vor, verheiratet zu sein. Doch im Laufe des Tages verschwimmen die Grenzen zwischen Realität und Fiktion. Sind die beiden wirklich Fremde, die so tun, als seien sie ein Paar – oder sind die beiden ein Paar, das so tut, als seien sie Fremde?

DESWEGEN SEHENSWERT

Eine feste Beziehung verlangt immer wieder danach, den Blick nach innen zu wenden und zu überlegen, ob es Sinn hat, sie fortzuführen. Wie in ›Die Liebesfälscher‹ begegnet man dabei unweigerlich der Komplexität der eigenen Gefühle und muss sich fragen: Wodurch zeichnet sich »wahre« Liebe aus – durch ihre Intensität oder durch ihre Fähigkeit, lange zu überdauern? Durch guten Sex oder eine tiefe Freundschaft? Ist Liebe schließlich etwas, das man fühlt – oder das man tut?

BERUF & KARRIERE

AUFSTEIGERGESCHICHTEN funktionieren immer gleich: Am Anfang steht ein großer Traum – doch der Weg dorthin ist gepflastert mit schier unüberwindbaren Hindernissen, Angst und (Selbst-)Zweifeln. Obwohl die Herausforderung anfangs unmöglich erscheint, gelingt es schließlich denen, die trotz dieser Schwierigkeiten nicht den Glauben an sich selbst verlieren, nach großen Mühen und Anstrengungen, ihren Traum Wirklichkeit werden zu lassen. So oder so ähnlich klingen die Geschichten von »Gewinnern«, wir kennen sie aus Filmen und Serien, genauso aber auch von LinkedIn, Instagram und Facebook.

Arbeit ist in unserer Gegenwart nicht einfach nur ein »Job«, sondern eine höchstpersönliche Angelegenheit: Wir unterstellen ihr, dass sie etwas darüber aussagt, wer wir sind und mit welcher Ernsthaftigkeit wir unser Leben angehen.

Sich selbst zu verwirklichen ist keine Option mehr, sondern ein Muss. Was früher Lohnarbeit war, ist heute »Hustle Culture«, mit dem Menschen nach dem Motto »No Pain, No Gain« an die eigenen Grenzen gehen in der Hoffnung, eines Tages den großen Durchbruch zu schaffen.

Dass die Arbeit nicht nur Arbeit ist, sondern auch dazu taugen muss, eine große Geschichte zu erzählen, ist durchaus verständlich. Schließlich lässt es das, was wir tun, glamouröser erscheinen. Es macht den Umgang mit Frustration und Langeweile erträglicher. Und vielleicht finden wir so in dem, was wir tun – so belanglos es uns manchmal scheinen mag – einen Sinn. Mit Geschichten geben wir unseren Tätigkeiten Bedeutung, aber rechtfertigen damit auch den Verlust jeglicher Work-Life-Balance, die Selbstausbeutung und den Burn-out.

Erfolgsgeschichten hören wir gerne, Storys vom Scheitern umso weniger. Die folgenden Filme erzählen aber in der ein oder anderen Form alle von Gescheiterten: Von jenen, die falsche Hoffnungen hegen, denen die Selbstverwirklichung nicht gelingt, die ausgebrannt sind, die versuchen, der Dröge des Alltags zu entfliehen und solchen, die das Glück genau dort finden. Aber: Echtes Scheitern, so machen diese Filme klar, ist vielleicht eine der besten Erfahrungen, die man machen kann. Denn wenn die Dinge nicht so kommen, wie man es sich erträumt, lernt man, damit umzugehen. Und gerade diese Erfahrung bietet Einsicht und gibt dem Leben Tiefe. Etwas, das ein schneller Erfolg vielleicht nie liefern könnte – und wer will das schon missen?

LA LA LAND

2016 / DAMIEN CHAZELLE

SCHAUEN SIE DIESEN FILM, WENN …

… es Ihnen nicht gelingt, Beziehung und Karriere zu vereinen.

SCHWIERIGKEIT Einfach

DARUM GEHT ES

Mia und Sebastian verlieben sich in einer Phase ihres Lebens, die von Ungewissheit geprägt ist: Mia arbeitet an ihrer Karriere als Schauspielerin, Sebastian hingegen träumt davon, seinen eigenen Jazz-Club zu eröffnen. Die unbarmherzige Realität des Showbusiness konfrontiert sie jedoch mit Enttäuschungen, verlangt ihnen Kompromisse ab und stellt ihre Beziehung auf einer harte Probe.

DESWEGEN SEHENSWERT

›La La Land‹ bricht mit einem Klischee: Der Film erzählt keine Bilderbuchgeschichte davon, dass Erfolg im Beruf am Schluss auch mit Glück in der Liebe belohnt wird. Ganz im Gegenteil zeigt er, wie Menschen glücklich sein können, auch wenn sie keinen Erfolg haben. Und auch, dass Träume wahr werden können – das aber noch lange nicht heißt, dass am Ende alles gut wird.

TONI ERDMANN

2016 / MAREN ADE

SCHAUEN SIE DIESEN FILM, WENN …

… Sie sich vor lauter Arbeit selbst verloren haben.

SCHWIERIGKEIT Moderat

DARUM GEHT ES

Ines' Leben gerät aus den Fugen, als ihr Vater Winfried sich entschließt, der Unternehmensberaterin einen spontanen Besuch bei ihrer Firma in Bukarest abzustatten. Mit falschen Zähnen und Perücke sabotiert er als Businessman-Karikatur »Toni Erdmann« ihren Job. Zunächst scheint er nur blöde Scherze machen zu wollen, doch bald wird klar, dass er einen Plan verfolgt: Wieder mit seiner Tochter in Kontakt zu kommen.

DESWEGEN SEHENSWERT

»Bist du überhaupt ein Mensch?«, fragt Winfried seine Tochter beim Einkaufen in einer Shopping-Mall. »Du bist ein Tier, Ines«, lobt ihr Chef sie, als sie bei ihrem Job alle Erwartungen übertrifft. Und in der Tat scheint Ines beim Erklimmen der Karriereleiter kein Glück gefunden, hingegen aber alles Menschliche verloren zu haben. ›Toni Erdmann‹ erzählt von einer Frau, die der Welt und sich selbst fremd geworden ist. Um mit beidem wieder in Berührung zu kommen, gibt es, wenn es nach ihrem Vater geht, nur ein Heilmittel: Albernheit.

INSIDE LLEWYN DAVIS

2013 / ETHAN UND JOEL COEN

SCHAUEN SIE DIESEN FILM, WENN …

… Ihnen Ihre Selbstverwirklichung nicht gelingt.

SCHWIERIGKEIT Moderat

DARUM GEHT ES

New York, 1961: Llewyn Davis arbeitet an seinem Durchbruch als Folk-Sänger, doch all seine Anläufe enden in Sackgassen. Getrieben von der Hoffnung, einen Fuß in die Tür der Musikbranche zu bekommen, muss der erfolglose Sänger per Anhalter durch die USA trampen und bei Freunden auf der Couch übernachten. Bei seiner Suche nach Erfolg steht ihm dabei ein unüberwindbares Hindernis im Weg: Er selbst.

DESWEGEN SEHENSWERT

Was uns im Leben erfüllt, ist tragischerweise nicht immer das, womit wir auch Geld verdienen. Jeder, der seine Leidenschaft zum Beruf machen möchte, wird daher vor eine schwierige Frage gestellt: Wie hoch ist der Preis, den ich bereit bin für meine Selbstverwirklichung zu zahlen? Und finde ich darin am Schluss wirklich die Erfüllung, die ich mir erhoffe?

INTO THE WILD

2007 / SEAN PENN

SCHAUEN SIE DIESEN FILM, WENN …

… Sie dem Alltag entfliehen möchten.

SCHWIERIGKEIT Moderat

DARUM GEHT ES

Christopher McCandless steht als herausragendem Uniab-
solventen die Welt offen. Doch statt auf den Karrierepfad
begibt er sich auf eine Reise durch Alaska, um sich im Ein-
siedlerdasein inmitten der unbarmherzigen Natur wieder
selbst zu spüren.

DESWEGEN SEHENSWERT

In der Langeweile des drögen Alltags gefangen, haben wir
vielleicht – wie Christopher – Sehnsucht nach einer inten-
siven, ja existenziellen Erfahrung. Bei einem Abenteuer in
der Natur, so hoffen wir, machen wir uns frei von den Problemen und der Verantwortung des Lebens in der Zivilisation und finden wieder zu uns selbst. Doch ist dies, so
fragt ›Into The Wild‹, wirklich der Ort, an dem wir Erlösung finden können?

SOUND OF METAL

2019 / DARIUS MARDER

SCHAUEN SIE DIESEN FILM, WENN …

… Sie sich ausgebrannt fühlen.

SCHWIERIGKEIT Moderat

DARUM GEHT ES

Als der Schlagzeuger Ruben sein Gehör verliert, muss er sein Dasein als Musiker hinter sich lassen und in eine Einrichtung für Gehörlose ziehen. Zu seinem alten Leben wird er nie wieder zurückkehren können – doch kann er Sinn in seinem neuen finden?

DESWEGEN SEHENSWERT

Ein Burn-out kann sich anfühlen, als wäre man seiner Sinne beraubt worden. Als könne die Welt nicht mehr zu einem durchdringen, ihre Klänge einen nicht mehr berühren und ihre Schwingungen keine Resonanz mehr in einem hervorrufen. ›Sound of Metal‹ zeigt aber, wie eine solche Krise auch dabei helfen kann, das eigene Leben zum Besseren zu wenden: Indem Ruben eine neue Sprache lernt, gelingt es ihm auch, wieder mit sich selbst in Dialog zu treten. Ausgerechnet sein Handicap schenkt ihm genau das, an was es ihm in seinem Leben bisher gemangelt hat: Innere Ruhe.

PATERSON

2016 / JIM JARMUSCH

SCHAUEN SIE DIESEN FILM, WENN …

… Sie von Ihrem Leben gelangweilt sind.

SCHWIERIGKEIT Anspruchsvoll

DARUM GEHT ES

›Paterson‹ erzählt von einer Woche im Leben eines Busfahrers. Jeder Tag zeigt die gleiche Routine: Paterson geht zur Arbeit, fährt Bus, macht Mittagspause, geht abends mit seinem Hund Gassi und in den Pub auf ein Bier. Die Regelmäßigkeit des Alltags wird nur unterbrochen durch die unterschiedlichen Gespräche, die er mithört, und die verschiedenen Begegnungen, die er macht.

DESWEGEN SEHENSWERT

In einer Welt, in der Druck zu Antrieb, Überstunden zum Statussymbol und Selbstverwirklichung zum Muss geworden sind, scheint eines unvorstellbar: Sich mit dem, was man hat, zufriedenzugeben. Doch genau das tut Paterson – und ist dabei alles andere als unglücklich. Denn er widmet sich mit voller Konzentration der Welt um sich herum und verarbeitet seine Eindrücke in Form von Gedichten, die er nur für sich schreibt. ›Paterson‹ ist ein Lehrstück in achtsamem Leben: Wer sich darauf einlässt, seine Aufmerksamkeit auf die scheinbare Langeweile der Regelmäßigkeit zu richten, dem offenbart sich bald ein Universum an Details. Aus Monotonie wird Meditation und aus Frust die Freude an der Fülle des Lebens.

FAMILIE &
ERWACHSENWERDEN

DAS GENRE »COMING OF AGE« erzählt Lebensgeschichten. Es konzentriert sich dabei auf einen besonders prägenden Ausschnitt einer Biografie, in der sich das Leben, wie es war, auf einmal verändert. Plötzlich werden die Figuren aus ihrem behüteten Umfeld gerissen und müssen sich fortan in einer neuen Welt, deren Regeln sie noch nicht beherrschen, zurechtfinden. Geschichten, die von einem Erwachsenwerden erzählen, sind dabei keineswegs nur etwas für Teenager. Erwachsen zu werden ist ein Prozess, der nicht mit dem Erreichen der Volljährigkeit endet, sondern vielleicht ein ganzes Leben dauert und auch an dessen Ende noch nicht abgeschlossen sein mag. Denn wir alle müssen mit ständigem Wandel leben, uns immer wieder neu orientieren, wenn unser Leben eine Wendung macht, und versuchen, Sicherheit in einer von Grund auf unsicheren Welt zu finden. Dies gelingt im Film wie im Leben selten in einem Moment klarer Erkenntnis, sondern eher in einer langsamen Umformung. Coming-of-Age-Filme handeln im wahrsten Sinne des Wortes vom »Erwachsen« einer neuen Identität, vom Entwachsen einer alten Rolle, dem Herauswachsen aus alten und Hineinwachsen in neue Zusammenhänge.

Sie alle zeigen oft Szenen, die keine klaren Aktionen oder Konflikte darstellen, sondern eher stille Momentaufnahmen sind. Momente, in denen uns nicht klar ist, was eine Figur tut, woher sie kommt und wohin sie geht. Vielleicht, weil es der Figur in diesem Moment selbst gar nicht klar ist. Solche Momente wirken wie bewegte Polaroidaufnahmen, gerade erst erlebt und doch schon Vergangenheit, wie die unbeschwerte Kindheit, die eben noch war und nun unwiederbringlich verloren ist. Doch für den

Film gibt es eben nur eine Richtung, nämlich nach vorne, auf ein unbestimmtes Ende und eine unklare Zukunft hin. Doch gerade in der Ungewissheit ihres Ausgangs liegt auch der Reiz der Geschichte – das Ende schon zu kennen würde den ganzen Spaß verderben!

MARIE ANTOINETTE

2006 / SOFIA COPPOLA

SCHAUEN SIE DIESEN FILM, WENN …

… Sie noch nicht bereit sind, erwachsen zu werden.

SCHWIERIGKEIT Moderat

DARUM GEHT ES

Marie Antoinette ist eine Teenagerin, die am liebsten den ganzen Tag nur Indie-Rock hören, Converse tragen und Spaß haben würde. Dumm nur, dass sie die Erzherzogin Österreichs ist und den französischen Thronfolger heiraten soll, um mit ihm einen Nachkommen zu zeugen.

DESWEGEN SEHENSWERT

Erwachsen zu werden ist ein wenig, als würde man Königin eines unbekannten Landes werden: Plötzlich muss man bei komplizierten Ritualen mitmachen, sich in antiquierte Strukturen einfügen und seltsame Erwartungen erfüllen. ›Marie Antoinette‹ erzählt von dieser Phase des Lebens, in der man der Sorglosigkeit der Jugend entrissen und ins Korsett des Erwachsenseins gesteckt wird. Diese neue Rolle mag sich zunächst fremd und eigenartig anfühlen. Trost steckt aber darin, selbst gestalten zu können, wie das Kostüm der eigenen Identität aussehen soll: Wer hat gesagt, Marie könne kein Punk sein?

DIE REIFEPRÜFUNG

THE GRADUATE

1967 / MIKE NICHOLS

SCHAUEN SIE DIESEN FILM, WENN ...

... Sie in der Welt Ihrer Eltern keinen Platz für sich sehen.

SCHWIERIGKEIT Moderat

DARUM GEHT ES

Benjamin Braddock hat gerade die Uni abgeschlossen und weiß nicht, was er mit seinem Leben anfangen soll. Anstatt dem Wunsch seiner Eltern zu folgen und sich einen Job zu suchen, liegt er den ganzen Tag nur auf einer Luftmatratze in ihrem Pool und lässt sich treiben. Doch die Langeweile verfliegt, als er eine Affäre mit einer älteren Frau, Mrs. Robinson, beginnt.

DESWEGEN SEHENSWERT

Benjamin möchte mit der Spießigkeit seiner Eltern brechen und rebelliert – auf seine Weise. Auf der Suche nach einem eigenen Platz in der Welt, stellt sich ihm – und uns – unweigerlich die Frage: Können wir dem Umfeld, in dem wir aufgewachsen sind, wirklich entfliehen und unser eigener Mensch werden? Oder wiederholen wir stets nur das Leben unserer Eltern?

IT FOLLOWS

2014 / DAVID ROBERT MITCHELL

SCHAUEN SIE DIESEN FILM, WENN ...

... Sie die inneren Turbulenzen eines Teenagers nachvoll-
ziehen möchten.

SCHWIERIGKEIT Einfach

DARUM GEHT ES

Als sie Sex mit einem Typen hat, den sie schon länger datet, steckt sich Jay mit einer ganz besonderen Art von Geschlechtskrankheit an: Auf einmal wird sie von einem namenlosen Monster verfolgt, das nur sie sehen kann und das ständig seine Gestalt wandelt. Sie weiß nun weder, wo sie noch sicher ist, noch, wem sie vertrauen kann, und ist fortan permanent auf der Flucht.

DESWEGEN SEHENSWERT

Als Teenager nehmen wir alles mit unglaublicher Intensität wahr: Die Welt um uns herum genauso wie die Gefühle in uns. Diese Flut an Reizen kann überwältigend sein und äußert sich vielleicht in einem dauerhaften Zustand der Ängstlichkeit, die uns verfolgt, wie es das Monster im Horrorfilm ›It Follows‹ tut. Doch ist die Angst speziell in dieser Lebensphase ein ambivalentes Gefühl: Sie ist furchteinflößend, doch gleichzeitig auch aufregend. Sie schränkt uns ein und zwingt uns gleichzeitig damit, über das kindliche Selbst, das wir eben noch waren, hinauszuwachsen.

DER TINTENFISCH UND DER WAL

THE SQUID AND THE WHALE

2005 / NOAH BAUMBACH

SCHAUEN SIE DIESEN FILM, WENN …

… Sie beginnen, Ihre Vorbilder zu hinterfragen.

SCHWIERIGKEIT Moderat

DARUM GEHT ES

Die Eltern des 16-jährigen Walt sind die Schriftsteller Bernard und Joan und leben in New York. Während seine Frau Erfolge feiert, ist Bernards Karriere auf dem absteigenden Ast – doch davon will der eitle Literat nichts hören. Als das Paar beschließt, sich zu trennen, fällt es ihren Kindern schwer, damit klarzukommen. Walt findet Halt darin, seinen Vater in dessen narzisstischem Verhalten zu spiegeln: Er eifert darum, im Mittelpunkt zu stehen und bewundert zu werden, wobei er gleichzeitig andere Menschen abwertet. Er benimmt sich schließlich so sehr daneben, dass er zu einem Therapeuten geschickt wird – der ihm fortan eine neue Perspektive auf seine Eltern eröffnet.

DESWEGEN SEHENSWERT

Als Kinder sind unsere Eltern unsere Helden. Doch je älter wir werden, desto mehr blicken wir hinter die Fassade dieser scheinbar unfehlbaren Riesen und entdecken, dass sie in Wirklichkeit doch nur allzu menschlich sind. Vielleicht geht es uns dabei wie Walt, und wir merken, dass ein Elternteil gar nicht allwissend, sondern eigentlich ziemlich unreif ist – oder dass ein anderes immer für uns da war, auch wenn uns das bisher gar nicht so klar war.

DIE MÜSSIGGÄNGER

I VITELLONI

1953 / FEDERICO FELLINI

SCHAUEN SIE DIESEN FILM, WENN …

… Sie sich vor Verantwortung scheuen.

SCHWIERIGKEIT Moderat

DARUM GEHT ES

Die »Müßiggänger« sind eine Bande junger Lebemänner, die ihre freie Zeit damit verbringen, in Cafés rumzuhängen oder ziellos am Strand umherzuwandern. Als einer von ihnen, Fausto, plötzlich Vater wird, muss er seine Geliebte Sandra heiraten. Doch das hält ihn nicht davon ab, sein altes Leben wie gewohnt fortzuführen und andere Frauen zu umwerben.

DESWEGEN SEHENSWERT

Die Schönheit der Jugend besteht darin, dass sie einem ermöglicht, die Freuden des Lebens zu genießen, ohne jegliche Verantwortung zu tragen. Im Versuch, diese Sorglosigkeit zu bewahren, scheut man sich vielleicht vor Verpflichtungen, so wie es Fausto und die anderen Vitelloni tun. Leider hat diese Lebensphase ein Ablaufdatum – und jeder muss eines Tages lernen, Verantwortung zu übernehmen. Die Frage ist nur: Wann hat man den Mut, diesen Schritt zu wagen?

BOYHOOD

2014 / RICHARD LINKLATER

SCHAUEN SIE DIESEN FILM, WENN …

… Sie mit geschiedenen Eltern aufgewachsen sind.

SCHWIERIGKEIT Anspruchsvoll

DARUM GEHT ES

Mason und seine Schwester haben geschiedene Eltern. Sie leben bei ihrer Mutter Olivia und sehen ab und an ihren Vater. Während die beiden älter werden, verändern sich eine Menge Dinge: Menschen in ihrem Leben kommen und gehen, sie ziehen um, kommen in die Pubertät, machen Erfahrungen mit Sex und Drogen, und werden schließlich flügge.

DESWEGEN SEHENSWERT

›Boyhood‹ wurde über einen Zeitraum von zwölf Jahren gedreht und lässt uns Zeuge werden, wie aus Kindern erst Teenager und dann bald junge Erwachsene werden. Anstatt eine geradlinige Geschichte zu erzählen, öffnet der Film ein Kaleidoskop an Sinneseindrücken, Erfahrungen und Gefühlen. So gelingt es ihm, die Stimmung einzufangen, als Kind in den frühen 2000er-Jahren mit geschiedenen Eltern aufzuwachsen.

COME ON, COME ON

C'MON C'MON

2021 / MIKE MILLS

SCHAUEN SIE DIESEN FILM, WENN …

… Sie mit dem Elternsein überfordert sind.

SCHWIERIGKEIT Moderat

DARUM GEHT ES

Johnny fliegt nach Los Angeles um seine Schwester zu besuchen, eine alleinerziehende Mutter, die sich um ihren psychisch kranken Ehemann kümmern muss. Er soll auf Jesse, ihren neunjährigen Sohn, aufpassen – und beschließt spontan, seinen Neffen für eine Woche mit nach New York zu nehmen. Dort versuchen die beiden miteinander klarzukommen, auch wenn ihnen das wegen ihres unterschiedlichen Temperaments nicht immer leichtfällt.

DESWEGEN SEHENSWERT

Als Eltern fühlt man sich beizeiten verloren. Vielleicht wie Johnny, der ohne vorherige Erfahrung auf einmal die Rolle eines Vaters übernehmen muss. Er ist hin- und hergerissen zwischen ständigem Stress und einer tiefen emotionalen Verbindung zu dem kleinen Menschen, der plötzlich in sein Leben getreten ist. Doch am Ende scheint es das Chaos, das Jesse mitbringt, wert zu sein. Denn er eröffnet Johnny auch einen Blick auf die Welt, den dieser zuvor nicht kannte.

DIE UNGLAUBLICHEN

THE INCREDIBLES

2004 / BRAD BIRD

SCHAUEN SIE DIESEN FILM, WENN …

… Sie am Erwachsensein verzweifeln.

SCHWIERIGKEIT Einfach

DARUM GEHT ES

Bob Parr war einst der gefeierte Mr. Incredible, doch steckt seit dem Berufsverbot für Superhelden in einer Midlife-Crisis. Er hat einen langweiligen Bürojob bei einer Versicherungsfirma, ein Haus in einer anonymen Vorortsiedlung und ist frustriert von einem Leben, für das er einfach nicht gemacht zu sein scheint. Eines Tages erhält er die Einladung, wieder an einer Mission teilzunehmen, und kann der Versuchung nicht widerstehen, seine alte Rolle als Superheld erneut zum Leben zu erwecken.

DESWEGEN SEHENSWERT

Als Erwachsene finden wir uns vielleicht eines Tages in einem Leben wieder, das wir uns früher nie so hätten vorstellen können. Wir tragen für alle möglichen Dinge Verantwortung, müssen uns auf Kompromisse einlassen und mit Frustration und Langeweile klarkommen. Wir fühlen uns dabei vielleicht wie Mr. Incredible: Als würden Superkräfte in uns schlummern, von denen wir aber keinen Gebrauch mehr machen dürfen. Darin, uns Illusionen hinzugeben, finden wir aber auch keine Erlösung. Vielmehr müssen selbst Superhelden eines Tages lernen, mit dem Alltag zurechtzukommen, ohne sich dabei selbst zu verlieren.

SEX & INTIMITÄT

GESCHICHTEN UND SEX beschreiben wir mit den gleichen Begriffen: Wir sprechen vom Spiel, von Spannung und vom Höhepunkt. Beides hat eine Dramaturgie, ist aufregend und Anlass, alles um sich herum zu vergessen. Um zu gelingen, erfordert beides ein Gespür für den Moment und Feinfühligkeit ebenso wie Neugier und Abenteuerlust, einen Sinn für Rhythmus und Timing – und ein gewisses Etwas.

Das Erlebnis von gelungenem Sex lässt sich schwer in Worte fassen – vielleicht aber in Bilder? Wir wissen auf jeden Fall, wie toller Sex – laut dem Kino – vermeintlich auszusehen hat: Da müssen Hände sich in Bettdecken krallen, Schweißperlen über Sixpacks laufen und Köpfe in den Nacken geworfen werden. Blockbuster-Sex findet als Schattenriss im Sonnenuntergang und als Schemen in der Dampfwolke einer Dusche statt. Er ist exotisch und spontan, stets voller Leidenschaft und Temperament und endet letztlich für alle Beteiligten mit höchster Befriedigung.

Bei der folgenden Filmauswahl steht diesem perfekten Blockbuster-Sex stets etwas im Weg: Eifersucht, Peinlichkeit oder Scham. Eine Ehe. Oder die Unfähigkeit, sich anderen verletzlich zu zeigen. Gerade an der großen, leinwandfähigen Show scheitern die Figuren und kommen zu der Erkenntnis, dass die Realität der Sexualität manchmal eine ganz andere sein kann: Eine der abgebrochenen Anfänge und nie eingetretenen Happy Ends. Eine, die beizeiten unerfüllend, schambehaftet oder in ihrer Alltäglichkeit banal ist.

Sie verstehen, dass es vielleicht weniger wichtig ist, wie Sex aussieht, sondern wie er sich anfühlt. Gerade dies ist es aber, was die Figuren im Anschluss befähigt, eine neue Erzählung vom Sex zu finden, die vielleicht ganz anders ist, als sie es sich vorstellen, dafür aber nicht nur befriedigend, sondern auch erfüllend ist.

SHAME

2011 / STEVE MCQUEEN

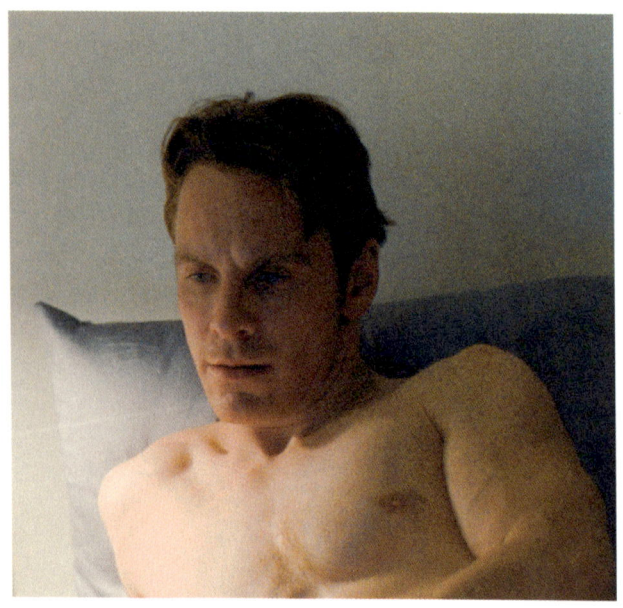

SCHAUEN SIE DIESEN FILM, WENN …

… Sie Intimität nicht zulassen können.

SCHWIERIGKEIT Moderat

DARUM GEHT ES

Auf den ersten Blick ist Brandon ein guter Fang: gutaussehend, elegant und charmant. Doch hinter der Fassade des zivilisierten Gentleman steckt in Wahrheit ein Raubtier. Seine Beute: Frauen. Brandon ist süchtig nach unemotionalem, beinahe brutalem Sex. Darin sieht er kein Problem, bis ihn eines Tages seine Schwester besuchen kommt. Ihre Anwesenheit bringt Brandons Leben durcheinander, doch eröffnet sie ihm auch einen neuen Blick auf das andere Geschlecht – was fortan seiner Sexsucht in die Quere kommt.

DESWEGEN SEHENSWERT

Vielleicht betrachten auch wir, wie Brandon, Sex als einen Akt, der abseits der Sphäre unserer Gefühle stattfindet und nur dazu da ist, uns wie eine Droge einen Kick zu geben. Diese Haltung wird, wie ›Shame‹ zeigt, aber spätestens dann zum Problem, wenn man eine ernsthafte Beziehung eingehen möchte. Denn diese stellt uns vor die Herausforderung, uns mit dem rätselhaften Wesen der Intimität auseinanderzusetzen: miteinander Sex zu haben bedeutet nicht zwangsläufig, dass man einander auch nah ist – und Nähe findet nicht nur in Form von Sex statt.

EYES WIDE SHUT

1999 / STANLEY KUBRICK

SCHAUEN SIE DIESEN FILM, WENN …
… Sie eifersüchtig sind.

SCHWIERIGKEIT Einfach

DARUM GEHT ES

Alice und Bill sind verheiratet, haben ein Kind und scheinen ein glückliches Leben zu führen. Doch als sie einander auf einer Party beim Flirten beobachten, fangen sie einen Streit an. Dieser endet damit, dass Alice Bill von ihren Träumen erzählt, in denen sie Sex mit einem anderen Mann hat. Bill ist eifersüchtig und begibt sich auf eine Reise durch die Nacht, fest entschlossen, seiner Frau fremdzugehen.

DESWEGEN SEHENSWERT

›Eyes Wide Shut‹ ist eine Studie über das Wesen des Begehrens und der Untreue. Wo zieht man die Grenze: Wird man nur durch die Tat untreu oder bereits durch den Gedanken? Anders gesagt: Betrügen Alice und Bill einander – oder träumen sie nur davon?

TAKE THIS WALTZ

2011 / SARAH POLLEY

SCHAUEN SIE DIESEN FILM, WENN ...

... Sie sich fragen, ob Sie Ihren Partner für jemand anderen verlassen sollten.

SCHWIERIGKEIT Einfach

DARUM GEHT ES

Sie sei verheiratet, gesteht Margot dem Fremden, dem sie gerade im Flugzeug begegnet ist und mit dem sogleich die Chemie gestimmt hat. Doch das ist noch nicht das Ende ihrer Geschichte, denn – wie sich herausstellt – ist er ihr neuer Nachbar. Margots Ehe ist eingeschlafen und der Fremde verspricht ein Abenteuer, was sie vor eine schwierige Frage stellt: Soll sie bei ihrem Mann bleiben oder ihn für den Neuen verlassen?

DESWEGEN SEHENSWERT

›Take This Waltz‹ widmet sich der Frage, wie man mit einer Beziehung, der die Leidenschaft verloren gegangen ist, umgeht. Sollte man einer Versuchung nachgeben? Oder fühlt man sich zu jemand Fremden nur hingezogen, weil man dem Reiz des Unbekannten erliegt? Ist es demzufolge weise, zu gehen und einen Neuanfang zu wagen? Oder wird nicht auch, wie der Film fragt, alles Neue eines Tages alt?

KÖRPER UND SEELE

ON BODY AND SOUL

2017 / ILDIKÓ ENYEDI

SCHAUEN SIE DIESEN FILM, WENN …

… Sie sich in Liebesdingen selbst im Weg stehen.

SCHWIERIGKEIT Moderat

DARUM GEHT ES

Maria fängt als Qualitätskontrolleurin in einem Schlacht-
hof an, wo sie Endre, den Finanzchef kennenlernt. Durch
Zufall erfahren die beiden, dass sie jede Nacht denselben
Traum haben, in dem sie sich als Hirsch und Hirschkuh
begegnen. Die beiden kommen sich daraufhin auch in der
echten Welt näher und müssen herausfinden, ob sie ihre
besondere Verbindung bewahren können.

DESWEGEN SEHENSWERT

Auch ohne – wie Maria – das Asperger-Syndrom zu haben,
findet man sich vielleicht in ihrem inneren Konflikt wieder: Sie verspürt die starke Sehnsucht einem Menschen nä-
herzukommen, doch es gelingt ihr nicht, ihre Gefühle richtig auszudrücken. Ihr Kopf steht ihrem Körper im
Weg – und während sie im Traum frei von Hemmungen
ist, schreckt sie im echten Leben vor Berührung zurück.
Bevor sie sich Endre öffnen kann, muss sie daher erst mit
sich selbst in Kontakt kommen.

PORTRÄT EINER JUNGEN FRAU IN FLAMMEN

PORTRAIT OF A LADY ON FIRE

2019 / CÉLINE SCIAMMA

SCHAUEN SIE DIESEN FILM, WENN …

… wenn Sie sich nach mehr Sinnlichkeit sehnen.

SCHWIERIGKEIT Moderat

DARUM GEHT ES

Die Malerin Marianne reist auf eine abgelegene Insel in der Bretagne, um ein Gemälde von der Adeligen Héloïse für deren geplante Hochzeit anzufertigen. Doch Héloïse weigert sich, Modell zu sitzen, um die arrangierte Ehe zu verhindern. So wird Marianne dazu gezwungen, ihr Motiv zunächst aus der Distanz zu studieren – was die beiden aber schließlich einander nur näher bringt.

DESWEGEN SEHENSWERT

Sex scheint in unserem Alltag allgegenwärtig; das eigene Verlangen zu stillen leichter als je zuvor. Schnelle Befriedigung führt dabei aber nicht unbedingt auch zu sinnlicher Erfüllung. Die langsam erzählte Liebesgeschichte in ›Porträt einer jungen Frau in Flammen‹ entschleunigt – und ermutigt uns, einen anderen Blick zu wagen: Verlangen mag zwar durch körperliche Anziehung entstehen, doch wird besonders durch Geduld zum Genuss.

UNDER THE SKIN

2013 / JONATHAN GLAZER

SCHAUEN SIE DIESEN FILM, WENN …

… Sie Ihrem Körper fremd geworden sind.

SCHWIERIGKEIT Anspruchsvoll

DARUM GEHT ES

Eine namenlose Frau hat eine Reihe von – im wahrsten Sinne des Wortes – surrealen One-Night-Stands. Sie scheint dem Wesen der menschlichen Sexualität auf den Grund gehen zu wollen, doch das Geheimnis ihrer Identität hindert sie daran, echte Intimität zu erfahren.

DESWEGEN SEHENSWERT

Ebenso rätselhaft wie faszinierend, fängt ›Under The Skin‹ eher eine Stimmung ein, als eine klare Geschichte zu erzählen. Der Film beschreibt das Gefühl, dem eigenen Körper fremd geworden zu sein. Als müsse man die eigene Haut wie ein Kostüm tragen, um dem Blick der anderen zu gefallen. Doch darum, ihr Innerstes zu offenbaren, führt für die namenlose Frau schließlich kein Weg herum – auch wenn es andere schockiert.

DON JON

2013 / JOSEPH GORDON-LEVITT

SCHAUEN SIE DIESEN FILM, WENN …

… Sie Pornos mehr genießen als Sex.

SCHWIERIGKEIT Einfach

DARUM GEHT ES

Jon sind im Leben nur ein paar Dinge wichtig: Sein Körper, seine Bude, seine Karre – aber vor allem: Pornos. Obwohl er regelmäßig One-Night-Stands hat, kann er nur beim Pornogucken richtig abschalten. Doch als Jon beginnt, seine Traumfrau Barbara zu daten, wird diese Leidenschaft zum Problem – und als sie ihn eines Nachts in flagranti erwischt, macht sie Schluss. Beim Versuch sie zurückzugewinnen, lernt Jon die verwitwete Esther kennen, die fortan zu seiner Mentorin in Sachen Sex wird.

DESWEGEN SEHENSWERT

Selbst wenn die wildeste Fantasie nur ein paar Klicks entfernt zu sein scheint, kann einem Porno eines nur sehr schwer gelingen: uns zu berühren – im wahrsten Sinne des Wortes. Damit dies geschehen kann, müssen wir, wie Jon, den Mut aufbringen, vor jemand anderem alle Hüllen fallen zu lassen und auch emotional nackt zu sein. So beängstigend dieses Unterfangen auch sein mag, bietet es am Ende vielleicht eine Erfüllung, die wir online so nie finden könnten.

TRAUER & VERLUST

GESCHICHTEN ÜBER VERLUST sind Geschichten über Erinnerungen. Um die Tragik eines Verlusts im Hier und Jetzt zu verstehen, müssen wir auch die Zeit kennen, in der noch nichts verloren gegangen war. Erzählungen über das Trauern bedienen sich daher oft mehrerer Erzählstränge oder Rückblenden, um Vergangenheit und Gegenwart einander gegenüberzustellen. Eine Verbindung zwischen beiden Zeitebenen schafft die Figur, die trauert, indem sie sich sowohl an eine Zeit des Glücks erinnert, nun aber mit einer Leerstelle in ihrem Leben umgehen muss.

Erinnerungen haben dabei auch immer etwas Filmisches: Sie sind kurze Szenen, Bildfetzen, Tonschnipsel, Momentaufnahmen, die wie auf einem defekten Projektor in Dauerschleife vor unserem inneren Auge vorbeilaufen. Sie zeigen, wie Filme, einen Moment aus einer bestimmten

Perspektive, verdichten ihn zu seiner emotionalen Essenz, sind einseitig, unvollständig, vielleicht auch trügerisch, sagen weniger etwas darüber aus, was wirklich geschehen ist, sondern vielmehr etwas über die Erinnernden und über deren Beziehungen zum Vergangenen.

Ein Ereignis, das Anlass zur Trauer gibt, muss nicht immer der Tod sein. Auch eine Trennung ist ein Verlust, bei dem vielleicht jemand nicht buchstäblich, aber doch »für uns« gestorben ist. Oder es ist das Ende eines Lebensabschnitts, der Schulzeit, des Studiums, ein Umzug oder der Auszug der Kinder aus dem Elternhaus – jedenfalls ein Ereignis, nach dem fortan nichts mehr so ist, wie es einmal war.

Das gibt uns Anlass, diese Erinnerungen weiterzudenken, eine alternative Realität des Was-wäre-wenn zu konstruieren, in der kein Verlust geschehen und noch alles beim Alten ist. Wir arbeiten dann mit unseren Erinnerungen wie mit Filmmaterial, stöbern in inneren Archiven und schneiden einen neuen Film zu einer fiktiven Fortsetzung unseres Lebens zusammen. Das Resultat ist oft aber noch mehr Schmerz, macht es uns doch umso mehr klar, wie sehr ein Mensch fehlt, dass er nicht von der inneren Leinwand steigen wird, um wieder in unser Leben zu treten.

Wie kann man mit Trauer umgehen? Filme finden darauf ihre eigene Antwort. Gemeinsam mit dem Zuschauer erkundet eine Figur Szenen aus der Erinnerung und versucht, eine stimmige Geschichte zu stricken, um in der Gegenwart eine neue Haltung zur Vergangenheit zu finden. Gelingt es ihr am Ende, beides miteinander in Einklang zu bringen, dann ist sie in der Lage, Abschied zu nehmen. Das bedeutet nicht, dass sie vergisst, aber dass sie vergessen darf: Was geschehen ist, muss dann nicht mehr konserviert, sondern darf losgelassen werden. Es wird Platz für neue Erfahrungen, denn zurück bleibt ein emotionaler Abdruck, der nicht verschwindet, selbst wenn das Leben weitergeht.

GRAVITY

2013 / ALFONSO CUARÓN

SCHAUEN SIE DIESEN FILM, WENN ...

... Sie trauern.

SCHWIERIGKEIT Einfach

DARUM GEHT ES

Nach einem Unfall auf einer Raumstation treibt die Astronautin Ryan hilflos im Orbit der Erde. Über Funk erzählt sie ihrem Kollegen von sich und einem tragischen Verlust in ihrem Leben. Als sich ihre Lage zuspitzt, muss sie sich entscheiden, ob sie einen Sinn darin sehen kann, wieder auf die Erde zurückzukehren.

DESWEGEN SEHENSWERT

In ›Gravity‹ wird das Schweben im Weltall eine Metapher für eine Phase des Trauerns. Während dieser Zeit fühlt man sich vielleicht wie Ryan: als habe man im wahrsten Sinne des Wortes den Boden unter den Füßen und das Leben seine Richtung verloren. Doch, so zeigt der Film, kann es auch gelingen, die Anziehungskraft der Erde wiederzufinden.

LIEBE

AMOUR

2012 / MICHAEL HANEKE

SCHAUEN SIE DIESEN FILM, WENN …

… Sie einen Einblick in den Prozess des Sterbens bekommen möchten.

SCHWIERIGKEIT Anspruchsvoll

DARUM GEHT ES

Anne und Georges sind auch im hohen Alter noch ein liebevolles Ehepaar. Als Anne einen Schlaganfall erleidet, lassen Stück für Stück ihre Körperfunktionen nach. Bald wird klar: Sie wird sterben. Georges tut alles, was in seiner Macht steht, um ihr Leid zu mindern, und doch muss er seine Frau am Schluss gehen lassen.

DESWEGEN SEHENSWERT

Im Film wird das Sterben meist auf einen kurzen Moment reduziert, in dem ein Mensch sanft entschläft und nicht mehr aufwacht. Doch, wie ›Liebe‹ zeigt, tritt eine Person nicht immer in einem einzigen Augenblick aus dem Leben. Oft durchleben Sterbende wie Angehörige einen Prozess, an dessen Ende sie vielleicht auch zwei widersprüchlichen Gefühlen begegnen: Tiefer Trauer und großer Erleichterung.

AFTER LIFE

2019 / RICKY GERVAIS

SCHAUEN SIE DIESE SERIE, WENN …

… Sie zum Zyniker geworden sind.

SCHWIERIGKEIT Einfach

DARUM GEHT ES

Tony trauert über den Tod seiner Frau und lässt dadurch sein eigenes und das Leben seiner Mitmenschen zur Qual werden: Er arbeitet als Lokaljournalist, doch er hat nichts mehr übrig für seinen Job. Im Umgang mit anderen nimmt er weder ein Blatt vor den Mund, noch Rücksicht darauf, ob er ihre Gefühle verletzt.

DESWEGEN SEHENSWERT

Wer Schmerz erfahren, Verluste erlebt oder gar den Sinn im Leben verloren hat, kann vielleicht das, was anderen Menschen Erfüllung bereitet, nur noch mit Verachtung sehen. Eine zynische Haltung gegenüber allem um sich herum einzunehmen, bietet eine schnelle Ausflucht davon, sich dem eigenen Leid zu stellen. Doch ist sie auf lange Sicht mehr Gift als Balsam. Heilung findet Tony stattdessen ausgerechnet in seinem Job: Darin, dass er sich mit anderen Menschen und ihren tragischen Erfahrungen auseinandersetzt, findet er schließlich Trost und Wertschätzung für all jene, die noch am Leben sind – eingeschlossen sich selbst.

INCEPTION

2010 / CHRISTOPHER NOLAN

SCHAUEN SIE DIESEN FILM, WENN …

… Sie Wehmut fühlen.

SCHWIERIGKEIT Einfach

DARUM GEHT ES

Dominick Cobb ist ein Dieb, der in die Träume anderer Menschen einbricht, um Ideen zu stehlen. Eines Tages erhält er jedoch den Auftrag, das Gegenteil zu tun und eine Idee in einen Traum zu pflanzen. Er nimmt den Auftrag an, doch wird während der Mission von seiner eigenen Vergangenheit eingeholt. Denn Cobb wird in der Traumwelt von der Erinnerung an seine verstorbene Frau verfolgt, was ihn und sein Team in die Gefahr bringt, nie wieder aufzuwachen.

DESWEGEN SEHENSWERT

Inmitten surrealer Traumwelten, verworrener Handlungsstränge und einem Feuerwerk von Action bildet eine simple Emotion das Herz von ›Inception‹: Wehmut. Wer der Vergangenheit hinterhertrauert, dem geht es vielleicht wie Cobb, der sich in einem Labyrinth aus Erinnerungen verliert. Die Versuchung kann groß sein, sich diesem Limbus vergangener Momente hinzugeben. Doch sind diese Szenen, so schön sie auch sein mögen, nicht mehr die Wirklichkeit unseres jetzigen Lebens. Einen Weg aus dem Kopfkino findet schließlich nur, wer den Mut hat, die Vergangenheit hinter sich zu lassen.

MANCHESTER BY THE SEA

2016 / KENNETH LONERGAN

SCHAUEN SIE DIESEN FILM, WENN ...

... es Ihnen schwerfällt, Ihren Schmerz zu zeigen.

SCHWIERIGKEIT Anspruchsvoll

DARUM GEHT ES

Lee ist ein zurückgezogen lebender Hausmeister, der mit anderen Menschen in seinem Umfeld immer wieder aneinandergerät. Als sein Bruder an einem Herzleiden stirbt, muss er plötzlich die Rolle des Vormunds für dessen Sohn Patrick übernehmen. Fortan müssen sich die beiden miteinander arrangieren und – jeder auf seine Weise – einen Trauerprozess durchleben.

DESWEGEN SEHENSWERT

Bei einer Beerdigung nicht mehr aufhören können zu weinen, kann eine irritierende Erfahrung sein. Noch irritierender ist aber vielleicht, gar nicht erst weinen zu können. Vielleicht wissen auch wir, wie Lee, nicht, wie wir unseren Gefühlen Ausdruck verleihen sollen, und haben Schwierigkeiten, anderen zu zeigen, was in uns vorgeht. Wir sind unbeholfen, ja überfordert im Umgang mit dieser Situation, im ersten Moment unsicher und peinlich berührt, im zweiten plötzlich barsch und unsensibel, ohne dass wir es wollen. Einerseits kann es uns und anderen Trost spenden, wenn wir Gefühlen freien Lauf lassen. Andererseits gibt es aber vielleicht auch einen Schmerz, dessen Ausmaß sich einfach nicht kommunizieren lässt.

BEGINNERS

2010 / MIKE MILLS

SCHAUEN SIE DIESEN FILM, WENN …

… Sie das Gefühl haben, dass Ihre Vergangenheit die Gegenwart bestimmt.

SCHWIERIGKEIT Einfach

DARUM GEHT ES

›Beginners‹ erzählt von zwei Phasen in Olivers Leben: In der einen outet sich sein Vater Hal als schwul, hat aber wegen einer Krebsdiagnose nur noch wenige Jahre zu leben. Doch statt zu verzweifeln, genießt der 75-Jährige die verbleibenden Jahre in vollen Zügen. In der anderen Phase trauert Oliver um seinen verstorbenen Vater, während er dessen Haus ausräumt, und verliebt sich dabei in die Schauspielerin Anna.

DESWEGEN SEHENSWERT

Wer als Erwachsener noch keinen Platz für sich in der Welt gefunden hat, dem geht es vielleicht wie Oliver: Dieser ist in seinen Dreißigern und redet sich ein, das Gefühl, dass nichts klappt, sei sein Schicksal. Er treibt durchs Leben ohne je festen Halt, eine stabile Beziehung oder Glück gefunden zu haben. Doch während er den Lebenswandel seines Vaters innerlich Revue passieren lässt, kommt er zu einer Erkenntnis: Dass es nie zu spät ist, die Geschichte, die man sich über sein Leben erzählt, neu zu formulieren.

KÖRPER & GEIST

WIE ERZÄHLT MAN mit einem Film von einem psychischen Problem? In Romanen ist es ein Leichtes mithilfe von inneren Monologen in die Gedankenwelt eines Protagonisten einzusteigen. Bei Filmen ist das schwieriger, schließlich erzählen sie ihre Geschichten anhand von äußeren Begebenheiten, also zum Beispiel Dialogen, Bewegungen, Gesten und Mimiken. Eine direkte Leitung ins Gehirn einer Figur bekommen wir in der Regel nicht, stattdessen muss uns auf andere Weise ihr Innenleben nahegebracht werden.

Natürlich könnte ein »Voice Over«, also eine Stimme aus dem Off, erklären, wie sich eine Figur fühlt. Eleganter ist es aber, wenn ein Film stattdessen ein Bild findet, durch das wir einen Sachverhalt intuitiv und ohne große Worte verstehen. Beispielsweise hat eine Familie, die in einer Szene an einem massiven Esstisch weit voneinander entfernt sitzt, höchstwahrscheinlich nicht das engste Verhältnis zueinander. Und einer Figur, die in ein Korsett gezwängt wird, wird wahrscheinlich buchstäblich von den Konventionen ihrer Zeit die Luft zum Atmen genommen.

Um eine zutiefst innerliche Angelegenheit wie ein Gefühl oder gar ein psychisches Problem darzustellen, muss ein Film manchmal auch noch einen Schritt weitergehen, zum Beispiel mit einer Metapher. So zeigt sich in der folgenden Filmauswahl eine Depression beispielsweise in einem Planeten, der auf die Erde zurast, das erdrückende Gefühl von Verantwortung in Form einer riesigen Krone, und Unsicherheit darin, dass ein kleiner Mensch einen viel größeren Roboterkörper steuern muss.

Bilder für – nicht immer angenehme – innere Prozesse zu finden, kann dabei helfen, mit ihnen zurechtzukommen. Sie geben einem diffusen Gefühl eine konkrete Form und einen klaren Namen. So wird dieses eingegrenzt und zu etwas anderem als man selbst, einem Gegenüber, von dem man anderen erzählen, mit dem man aber auch selbst in Dialog treten, das man hereinlassen oder aussperren kann. Und darin liegt vielleicht auch ein Weg, mit ihnen zu leben.

ALLES STEHT KOPF

INSIDE OUT

2015 / PETE DOCTER

SCHAUEN SIE DIESEN FILM, WENN …

… Sie Angst vor negativen Gefühlen haben.

SCHWIERIGKEIT Einfach

DARUM GEHT ES

Die elfjährige Riley zieht mit ihren Eltern von Minnesota nach San Francisco. Diese Umstellung löst emotionales Chaos in ihr aus: Die personifizierten Emotionen Freude, Kummer, Angst, Wut und Ekel, die in ihrem Kopf an den Schalthebeln sitzen, verlieren die Kontrolle. Ausgerechnet das ungleiche Paar Freude und Kummer muss daraufhin eine gemeinsame Reise durch Rileys Gehirn antreten, damit das Mädchen wieder das volle Spektrum ihrer Emotionen spüren kann.

DESWEGEN SEHENSWERT

Optimistisch zu bleiben ist ein gut gemeinter, aber selten hilfreicher Rat, wie ›Alles steht Kopf‹ zeigt. Mit einer Vielzahl von Bildern, Szenen und Metaphern beschreibt der Film das rätselhafte Wirken unserer Psyche und bietet der Protagonistin am Ende eine zentrale Einsicht: Auch wenn manche Gefühle beizeiten unangenehme Zeitgenossen sind, erfüllt doch jede Emotion ihren Zweck: Ekel und Angst beschützen uns, Wut sorgt für Gerechtigkeit und Kummer bringt andere dazu, uns zu helfen – was am Ende wieder zu Freude führt.

MELANCHOLIA

2011 / LARS VON TRIER

SCHAUEN SIE DIESEN FILM, WENN …

… Sie eine neue Perspektive auf Depression bekommen möchten.

SCHWIERIGKEIT Anspruchsvoll

DARUM GEHT ES

Teil I: Justine irritiert die anderen Partygäste, als sie bei einer Hochzeit keine Lust auf's Feiern hat, sondern lieber zum Baden in ihr Hotelzimmer geht. Das Problem ist nur: Es ist ihre eigene Hochzeit. Justine leidet an Depression und ihr Handeln ist für die Menschen um sie herum kaum nachzuvollziehen. Teil II: Bei seiner Passage durch unser Sonnensystem kommt der Planet »Melancholia« der Erde gefährlich nah und droht, sie zu zerstören. Als die Auslöschung der Erde kurz bevorzustehen scheint, geraten die Menschen um Justine herum in Panik – aber nicht sie selbst.

DESWEGEN SEHENSWERT

Eine Depression lässt sich von innen ebenso schwer beschreiben, wie sie sich von außen verstehen lässt. Beide Perspektiven können gleichermaßen frustrierend sein – ›Melancholia‹ versucht, diesen psychischen Zustand mit einem Sinnbild zu fassen: Was in einer Depression alltäglich ist, fühlt sich für andere vielleicht an, als würde die Welt untergehen.

THE CROWN

2016 / PETER MORGAN

SCHAUEN SIE DIESE SERIE, WENN …

… Ihre Familie emotional unzugänglich ist.

SCHWIERIGKEIT Einfach

Nach dem Tod ihres Vaters wird Elizabeth zur Königin des Vereinigten Königreiches gekrönt. Sie ist nun nicht nur Oberhaupt des britischen Königshauses, sondern auch das eines ganzen Landes, was sie immer wieder vor die unmögliche Entscheidung stellt: Familie oder Vaterland?

›The Crown‹ erzählt von einer außergewöhnlichen Familie, die in Wirklichkeit aber mit den gleichen Problemen zu kämpfen hat, wie viele andere auch. Ihre Mitglieder wachsen auf in einer Welt, die absurde Erwartungen an sie stellt, sie mit überholten Moralvorstellungen und antiquierten Werten konfrontiert: Gefühle sind eine Schwäche, sensibel zu sein ist ein Handicap. Jedes ihrer Familienmitglieder erfährt emotionale Verletzungen, deren Wunden aber nie ganz verheilen, sondern Narben in Gestalt von Unsicherheit, Arroganz und Einsamkeit zurücklassen. Doch vielleicht lässt sich mit manchen Traditionen auch brechen?

WHIPLASH

2014 / DAMIEN CHAZELLE

SCHAUEN SIE DIESEN FILM, WENN …

… Sie streng zu sich selbst sind.

SCHWIERIGKEIT Einfach

DARUM GEHT ES

Andrew Neiman ist Schlagzeugstudent am renommierten Schaffer Conservatory in New York. Ein Traum scheint wahr zu werden, als es ihm gelingt, dort in die exklusive »Studio Band« aufgenommen zu werden. Diese wird vom sadistischen Terence Fletcher geleitet, der Andrew mit seinen brutalen Lehrmethoden an seine Grenzen bringt, um alles aus ihm rauszuholen.

DESWEGEN SEHENSWERT

Fletcher ist Andrews Lehrer – doch er könnte auch die Verkörperung seiner inneren Stimme sein, die unablässig fordert, aber nie zufrieden ist. Wie Andrew sind vielleicht auch wir dazu verleitet, den Forderungen unseres inneren Fletchers nachzugeben und uns so zu Höchstleistungen anzuspornen. Doch, so fragt ›Whiplash‹, ist es wirklich eine Stärke, sich über die eigenen Grenzen hinwegsetzen zu können? Und was drohen wir zu verlieren, wenn wir uns zu verbissen darauf konzentrieren, zu gewinnen?

EVERYTHING EVERYWHERE ALL AT ONCE

2022 / DANIEL KWAN, DANIEL SCHEINERT

SCHAUEN SIE DIESEN FILM, WENN …

… Sie Angst haben, im Leben etwas zu verpassen.

SCHWIERIGKEIT Einfach

DARUM GEHT ES

Das Fortbestehen von Evelyns Waschsalon, ihrer Ehe und der Beziehung zu ihrer Tochter hängen am seidenen Faden. Zum Riss kommt es dann aber an anderer Stelle – und zwar in ihrer Realität: Dadurch hat Evelyn auf einmal Zugang zu einer endlosen Anzahl an Parallelwelten und wird vor eine schier unlösbare Aufgabe gestellt: Das Universum und ihre Familie gleichermaßen davor zu bewahren, für immer auseinanderzufallen.

DESWEGEN SEHENSWERT

Evelyn verfügt über eine Superkraft, von der Menschen, die an der »Fear Of Missing Out« – also der Angst, etwas zu verpassen – leiden, nur träumen können: Ihr wird die Möglichkeit gegeben, jede alternative Route, die ihr Leben hätte nehmen können, zu erkunden. Doch, wie sich herausstellt, haben andere Abzweigungen sie nicht zu einem erfüllteren Dasein geführt, was eine zentrale Einsicht ermöglicht: Dass unser Glück weniger von unserem Schicksal abhängt, als vielmehr davon, wie wir uns entscheiden, es zu erleben.

HÖHERE GEWALT

FORCE MAJEURE

2014 / RUBEN ÖSTLUND

SCHAUEN SIE DIESEN FILM, WENN …

… Sie Angst davor haben, schwach zu wirken.

SCHWIERIGKEIT Anspruchsvoll

Tomas und Ebba sind im Skiurlaub mit ihren Kindern. Als sie beim Frühstück auf der Terrasse des Luxushotels Zeuge werden, wie eine kontrollierte Lawine gezündet wird und auf sie zukommt, geraten sie in Panik. Tomas springt auf, rennt weg und lässt seine Familie im Stich – nur um kurz darauf zu erfahren, dass gar keine echte Gefahr bestand. Tomas' Feigheit führt daraufhin zur Krise in seiner Ehe, ja seiner ganzen Identität.

DESWEGEN SEHENSWERT

Für etwas, das wir falsch machen, glauben wir, müssten wir uns schämen – und versuchen deswegen, stets eine Fassade der Stärke zu wahren. Hinter dieser hat sich Tomas verschanzt. Er kann sein Versagen weder sich selbst noch seiner Frau gegenüber eingestehen und versucht verzweifelt, sein angekratztes Ego zu retten. Doch was wäre wirklich in Gefahr, würde er das Risiko eingehen, Schwäche zu zeigen?

NEON GENESIS EVANGELION

1995 / HIDEAKI ANNO

SCHAUEN SIE DIESE SERIE, WENN …

… wenn es Ihnen schwerfällt, sich so zu akzeptieren, wie
Sie sind.

SCHWIERIGKEIT Einfach

DARUM GEHT ES

›Evangelion‹ mutet zunächst an wie eine leicht verdauliche Anime-Serie über Jugendliche, die mit riesigen Robotern gegen Aliens kämpfen. Doch wird daraus bald ein surrealer Trip in das emotionale Innenleben von Shinji, einem stillen und zurückhaltenden Teenager, der als Kind Zurückweisung und Einsamkeit erfahren hat. Bald muss er sich nicht nur in der Schlacht beweisen, sondern vor allem auch im Ringen mit seinen eigenen Dämonen.

DESWEGEN SEHENSWERT

Wie fühlt sich Unsicherheit an? Vielleicht so, als wäre man, wie Shinji, Pilot eines riesigen Roboters: Am Steuer eines Körpers, der sich eigenartig und fremd anfühlt. Um mit dem Roboter – und sich selbst – in Einklang zu kommen, muss Shinji lernen, sich von den Erwartungen anderer freizumachen und sich so zu akzeptieren, wie er ist. Denn so schwierig dieser Prozess auch sein mag, entfesselt er am Ende vielleicht ungeahnte Kräfte.

KUNG FU PANDA

2008 / MARK OSBORNE

SCHAUEN SIE DIESEN FILM, WENN …

… Sie sich hilflos fühlen.

SCHWIERIGKEIT Einfach

DARUM GEHT ES

Pandabär Po arbeitet im Nudelimbiss seines Vaters, doch hat er einen geheimen Traum: Kung-Fu-Krieger zu werden. Dieser geht unerwartet in Erfüllung, als Po eines Tages – scheinbar durch einen Zufall – bei einer Zeremonie zum »Drachenkrieger« auserkoren wird, der dem gefährlichen Säbelzahntiger Tai Lung die Stirn bieten soll.

DESWEGEN SEHENSWERT

Wie Po werden auch wir in unserem Leben manchmal vor Aufgaben gestellt, deren Bewältigung uns unmöglich erscheint. Leid entsteht dabei nicht unbedingt durch die Aufgabe selbst, sondern erst durch unseren Anspruch, stets die Kontrolle zu wahren. Doch ist vollständige Kontrolle, so erzählt ›Kung Fu Panda‹, eine Illusion. Sich von dem Wunsch nach ihr freizumachen und hinzunehmen, dass das Leben ein unwägbarer und offener Prozess ist, bedarf viel Mutes. Doch lässt sich in dem Vertrauen, dass wir von ihm in die richtige Richtung geleitet werden, auch großer Frieden finden.

LEBEN & SINN

DIE EINGANGS GESCHILDERTE Bibliothek in St. Gallen ist heute im Grunde nur noch ein Museum. Die dicken Wände des Klostergemäuers, die einst die Wahrheiten des Lebens klar zu umzäunen glaubten, sind heute Anlass für touristische Reisen, die Bücher Ausstellungsgegenstände, das Kloster nur noch eine Erinnerung an eine Zeit in der die Welt durch eine einzige, gottgegebene Weltordnung erklärt werden konnte.

Wir haben diese Zeiten vielleicht zu Recht überwunden, doch zahlen nun den Preis, nicht mehr in, sondern mit einer Welt leben zu müssen, in der die Zusammenhänge in unseren Händen zerfasern und sich der Sinn vor unseren Augen langsam, aber unaufhörlich aufzulösen scheint. Modernes Leben ist zu komplex, zu unüberblickbar geworden, als dass wir eine einzige Erklärung für die Wirklichkeit finden könnten. Dennoch suchen wir sie, in der Physik und in der Philosophie, in Zerstreuungen und Achtsamkeit, in optimistischem Fortschrittsglauben und der Verklärung der Vergangenheit. Einfach hinzunehmen, dass die Welt so ist, wie sie ist, scheint die schwerste Übung – doch manchmal bietet uns genau diese Perspektive den meisten Trost.

Die Filme dieses letzten Kapitels versuchen eine Bestandsaufnahme dieser beschädigten Welt zu liefern, erzählen von Heimatlosigkeit und Einsamkeit, Enttäuschungen und Existenzängsten, den Versuchen, Sinn zu finden, zu stiften oder mit der Sinnlosigkeit zurechtzukommen.

Dieser scheint wieder greifbar zu werden im Genuss, im Stoizismus, im Lachen und – nicht zuletzt – in der Kunst.

In diesem Sinne soll das letzte Kapitel – und damit auch dieses Buch in seiner Gänze – Hoffnung machen. Dass es zwar nicht die eine Erzählung über die Welt gibt, dafür aber viele kleine Geschichten, die das Leben in seiner Widersprüchlichkeit zu greifen vermögen. Dass es Bilder gibt für die Momente, in denen die Worte fehlen. Und dass es vielleicht kein Schicksal, aber eine Dramaturgie unserer Existenz gibt, der wir heillos ausgeliefert sind, doch die am Ende – im wahrsten Sinne des Wortes – Sinn ergibt.

DER RAUSCH

ANOTHER ROUND

2020 / THOMAS VINTERBERG

SCHAUEN SIE DIESEN FILM, WENN …

… Sie sich in den Rausch flüchten möchten.

SCHWIERIGKEIT Einfach

DARUM GEHT ES

Martin steckt fest: In seinem Job als Lehrer, in seiner Ehe, in seinem Leben. Doch ein Ausbruch aus der Frustration scheint möglich, als seine Freunde ein Experiment vorschlagen: Sie planen, bei ihrer Arbeit einen konstanten Alkoholpegel von 0,5 Promille zu halten, um besser im Job zu sein und mehr Freude am Leben zu finden.

DESWEGEN SEHENSWERT

Drogen gehören zu unserem Leben: Nicht unbedingt das harte Zeug, schon Dinge wie Kaffee, Zucker, Sex oder Entertainment helfen uns dabei, den Alltag zu bewältigen. Diese können unser Leben ebenso bereichern, wie sie es ruinieren können. ›Der Rausch‹ setzt sich mit der Ambivalenz dieser kulturellen Praxis auseinander und fragt, in welchen Formen wir einen Umgang mit dem Leben finden können, wenn es uns unerträglich geworden scheint.

A SERIOUS MAN

2009 / ETHAN UND JOEL COEN

SCHAUEN SIE DIESEN FILM, WENN …

… Ihre Pechsträhne kein Ende zu nehmen scheint.

SCHWIERIGKEIT Moderat

DARUM GEHT ES

Larry Gopnik versteht die Welt nicht mehr. Eine Katastrophe folgt der anderen: Einer seiner Studenten erpresst ihn, seine Frau möchte sich scheiden lassen, schließlich wird er sogar aus seinem eigenen Haus geschmissen. Womit hat er das verdient? Auf der Suche nach einer Antwort können ihm selbst die Rabbis nicht weiterhelfen.

DESWEGEN SEHENSWERT

›A Serious Man‹ handelt von der Suche nach Gründen, in einer Welt, die von der gnadenlosen Hand des Zufalls regiert wird. Wenn jeder Versuch, einen Sinn in dem Chaos des eigenen Lebens zu finden, zum Scheitern verurteilt ist, bleibt als letzte Möglichkeit nur, sich über die Absurditäten, die das Schicksal für einen bereithält, herzlich zu amüsieren.

NOMADLAND

2020 / CHLOÉ ZHAO

SCHAUEN SIE DIESEN FILM, WENN …

… Sie sich entwurzelt fühlen.

SCHWIERIGKEIT Moderat

DARUM GEHT ES

Als Fern ihren Job verliert, muss sie ihr Haus gegen einen Van tauschen. Sie reist darin durch die USA, hält sich mit Gelegenheitsjobs über Wasser und trifft dabei auf die verschiedensten Menschen. Damit ihr aber ein wirklicher Neuanfang gelingen kann, muss sie erst den Mut aufbringen, den Ort, an dem sie einst zu Hause war, wirklich hinter sich zu lassen.

DESWEGEN SEHENSWERT

›Nomadland‹ erzählt von der Suche nach Heimat in einer Welt, die uns fremd geworden ist. Doch was ist Heimat? Ein Ort – oder ein Gefühl? Gibt es die richtigen Koordinaten für ein Zuhause? Oder müssen wir dieses – wie der Film fragt – in uns finden?

ZEITEN DES AUFRUHRS

REVOLUTIONARY ROAD

2008 / SAM MENDES

SCHAUEN SIE DIESEN FILM, WENN …

… Ihre Träume nicht wahr werden.

SCHWIERIGKEIT Moderat

DARUM GEHT ES

Die Wheelers sind ein Ehepaar voller Hoffnung dem Leben gegenüber. Sie träumen davon, eines Tages in Paris zu leben, wo sich April als Schauspielerin verwirklichen und Frank etwas Eigenes aufbauen möchte. Doch stattdessen ziehen sie in eine amerikanische Vorortsiedlung, wo ihre Träume Stück für Stück zerbröckeln und die beiden sich zunehmend von der Welt, in der sie leben, entfremden.

DESWEGEN SEHENSWERT

›Zeiten des Aufruhrs‹ erzählt von zwei Idealisten, die daran scheitern, ihren Ansprüchen gegen sich selbst gerecht zu werden – und an der Frustration zugrunde gehen. So, wie der alte Mann am Ende des Films langsam sein Hörgerät leiser dreht, bis er nichts mehr hört, sind auch wir vielleicht versucht, uns vor der Welt zu verschließen, wenn sie uns nicht bietet, was wir uns einst von ihr erhofft haben. Doch liegt die wahre Tragik vielleicht weniger darin, dass die Dinge nicht so kommen, wie wir sie uns erhoffen – sondern entsteht erst, wenn es uns misslingt, einen Umgang mit dem zu finden, womit uns das Leben konfrontiert.

ONLY LOVERS LEFT ALIVE

2013 / JIM JARMUSCH

SCHAUEN SIE DIESEN FILM, WENN …

… Sie Weltschmerz spüren.

SCHWIERIGKEIT Moderat

DARUM GEHT ES

Das Vampirehepaar Adam und Eve verbringt ihr ewiges Leben in einer Fernbeziehung. Eve lebt in Tanger und liest sich durch die Weltliteratur, Adam hingegen ist Musiker und hat sich sein Studio in einem verlassenen Viertel von Detroit eingerichtet, wo er an einem neuen Album arbeitet. Doch in letzter Zeit hat sich Adams Stimmung verschlechtert. Er ist depressiv und von Selbstmordgedanken geplagt. Denn der Ort, den die Menschen aus der Welt gemacht haben, stößt ihn immer mehr ab.

DESWEGEN SEHENSWERT

Der Ausdruck »Weltschmerz« beschreibt ein Gefühl der Melancholie angesichts des Zustands der Welt. Eine häufige Begleiterscheinung ist die Nostalgie: Die Trauer über den Verlust einer Zeit, in der alles besser schien. Erleben wir diesen Zustand, geht es uns vielleicht wie Adam und wir finden uns gefangen in einem Widerspruch: Wir glorifizieren die Vergangenheit, doch wir können zu dieser nicht zurückkehren. Eine Heilung gibt es für ihn – und vielleicht auch für uns – erst, als es ihm gelingt, in der Gegenwart etwas zu finden, das ihn berührt – und ihm Hoffnung für die Zukunft gibt.

THE MASTER

2012 / PAUL THOMAS ANDERSON

SCHAUEN SIE DIESEN FILM, WENN …

… Sie nach jemandem suchen, der alle Antworten zu haben scheint.

SCHWIERIGKEIT Anspruchsvoll

DARUM GEHT ES

›The Master‹ erzählt vom Kriegsheimkehrer Freddie Quinn, der sich der Sekte »Der Ursprung« anschließt. Ihr charismatischer Anführer, Lancaster Dodd, zieht Freddie zunehmend in seinen Bann und dieser muss sich entscheiden, was ihm wichtiger ist: Zugehörigkeit oder Freiheit?

DESWEGEN SEHENSWERT

Auf den ersten Blick ist ›The Master‹ eine Studie über religiöse Kulte, auf den zweiten ertappt er uns bei einer Sehnsucht, die wir vielleicht alle hegen: In Zeiten von Sinn- und Orientierungslosigkeit eine Person zu finden, die alles verstanden und durchschaut zu haben scheint. Die einem sagt, was richtig und was falsch ist, das Leben von seinen Ambiguitäten und die Welt von ihren Fragezeichen befreit – eine Person, die unserer Existenz vielleicht sogar einen Sinn gibt. Doch, so fragt der Film, kann es eine solche Person wirklich geben? Oder ist es am Ende nicht vielmehr unsere Aufgabe, selbst Verantwortung für unser Leben zu übernehmen – und unser eigener Herr zu werden?

DIE WAND

2012 / JULIAN PÖLSLER

SCHAUEN SIE DIESEN FILM, WENN …

… Sie sich einsam fühlen.

SCHWIERIGKEIT Anspruchsvoll

DARUM GEHT ES

Eine unsichtbare Wand hat sich zwischen die Frau und die Welt geschoben – keine metaphorische, sondern eine echte. Eine Blockade, die sie daran hindert, die einsame Berglandschaft, in der sie haust, zu verlassen und zurück in die Zivilisation zu kehren. Ihre einzige Gesellschaft sind fortan ein Hund, eine Kuh und eine Katze, mit denen sie versucht, Tag um Tag das Leben in der Einsamkeit zu meistern.

DESWEGEN SEHENSWERT

Man kann einsam, aber nicht allein sein – und allein, aber nicht einsam. Doch wie kann uns Letzteres gelingen? Vielleicht, indem wir es halten wie die namenlose Frau in ›Die Wand‹. Das Einzige, was sie an ihrer ausweglosen Lage noch ändern kann, ist die Haltung, die sie zu dieser einnimmt. Und je länger sie in unverschuldeter Gefangenschaft lebt, desto besser gelingt ihr das: Sie schafft sich einen geregelten Alltag, bewältigt mit stoischer Ruhe jede Widrigkeit und lernt so die wenigen Dinge, die ihr noch geblieben sind, jeden Tag mehr zu schätzen.

FÜR NEUGIERIGE

AN DIESER STELLE endet vorerst unsere gemeinsame Reise durch die Welt des Kinos. Ihre eigene geht hoffentlich weiter und wird noch von vielen aufregenden Seh-Erlebnissen bereichert! Wie finden Sie die Auswahl? Möchten Sie mir empathisch zustimmen – oder vehement widersprechen? Welchen Film oder welches Thema habe ich Ihrer Meinung nach vergessen? Ich freue mich, wenn Sie für Fragen, Empfehlungen und Austausch mit mir in Kontakt treten unter mail@firstaidfilms.org.

FILME

Wer neugierig auf das Kino geworden ist: Eine Sammlung hervorragender zeitgenössischer Filme bietet zum Beispiel die Liste »The 21st Century's 100 greatest films«, die auf einer Umfrage der BBC unter 177 Kritikern aus der ganzen Welt basiert. Eine Vielzahl der dort genannten Filme sind auch in diesem Buch vertreten. Online zu finden unter:

★ www.bbc.com/culture/article/20160819-the-21st-centurys-100-greatest-films.

BÜCHER UND MEHR

Wer Lust bekommen hat, mehr über das Thema Filme, Gefühle und unsere Gegenwart zu erfahren, seien die folgenden Bücher ans Herz gelegt.

TROST SPENDEN ...

Bakewell, Sarah. Wie soll ich leben? oder Das Leben Montaignes in einer Frage und zwanzig Antworten. München 2013.

de Botton, Alain. Trost der Philosophie. Frankfurt am Main 2003.

Kästner, Erich. Doktor Erich Kästners Lyrische Hausapotheke. Basel 1936.

Koenig, John. The Dictionary of Obscure Sorrows. Simon & Schuster 2016.

EINEN NEUEN ZUGANG ZU FILM UND KUNST BIETEN ...

Krützen, Michaela. Dramaturgie des Films: Wie Hollywood erzählt. Frankfurt am Main 2004.

Krützen, Michaela. Dramaturgien des Films: Das etwas andere Hollywood. Frankfurt am Main 2010.

Krützen, Michaela. Klassik, Moderne, Nachmoderne: Eine Filmgeschichte. Frankfurt am Main 2015.

Der YouTube-Kanal »Pop Culture Detective«, online zu finden unter www.youtube.com / PopCultureDetective.

Sontag, Susan. Gegen Interpretation, in: Kunst und Antikunst. Frankfurt am Main 1982.

ANTWORTEN AUF DIE FRAGEN DES LEBENS GEBEN ...

Borasio, Gian Domenico. Über das Sterben: Was wir wissen. Was wir tun können. Wie wir uns darauf einstellen. München 2013.

Perel, Esther: Die Macht der Affäre: Warum wir betrügen und was wir daraus lernen können. Hamburg 2019.

Rosa, Hartmut. Unverfügbarkeit. Salzburg 2018.

Schmid, Wilhelm. Mit sich selbst befreundet sein. Frankfurt am Main 2004.

Sontag, Susan. Krankheit als Metapher. München/Wien 1978.

Strömquist, Liv. Der Ursprung der Liebe. Berlin 2018.

HILFSANGEBOTE UND TRIGGERWARNUNGEN

HILFSANGEBOTE

★ Telefonseelsorge: www.telefonseelsorge.de / 0800–1 110 111

★ Nummer gegen Kummer für Kinder und Jugendliche: www.nummergegenkummer.de / 116 111

★ Therapieplatzsuche über die Koordinationsstelle Psychotherapie: https://www.kvb.de/service/patienten/koordinationsstelle-psychotherapie / 0921 88 099–40 410

TRIGGERWARNUNGEN

★ Does the Dog Die?: www.doesthedogdie.com

★ Unconsenting Media: www.unconsentingmedia.org

DANK

DIESES BUCH IST nicht durch mich allein entstanden – es begann als der Blog FIRST AID FILMS auf Instagram. Für diesen hat Michael Kohl die englischsprachigen Beiträge lektoriert, Vincent Hannwacker das Grafikdesign entworfen und Lukas Loose hat nicht nur selbst mehrere Texte – die als überarbeitete Fassungen auch Teil dieses Buchs sind – verfasst, sondern mir mit seiner breiten Filmkenntnis viele bereichernde Hinweise geliefert. Freunde, Bekannte und Mitstudierende haben in sehr persönlichen Interviews ihre Geschichten und von Filmen, die ihnen wichtig sind, erzählt. Die Gespräche mit Julie Griebau und Leonard Dick wurden für dieses Buch adaptiert. Für diese sehr bereichernde Zusammenarbeit gilt ihnen allen mein herzlicher Dank!

Lena Bammert verdanke ich ein tolles Porträt über

FIRST AID FILMS in der *Süddeutschen Zeitung*, in dessen Folge der Blog zu größerer Bekanntheit und dieses Buchprojekt erst zustande kam. Meiner Lektorin Charlotte Diedrich vom dtv danke ich für die großen Freiheiten und das Vertrauen in der Genese dieses Buches.

Viele Anregungen und Gedanken habe ich durch mein Studium an der Hochschule für Fernsehen und Film München erhalten. Insbesondere durch Prof. Dr. Michaela Krützen und die Dozierenden der Medienwissenschaft, aber auch durch meine Kommilitoninnen und Kommilitonen, durch gemeinsames Filmeschauen und leidenschaftliches Diskutieren.

Ich danke schließlich meinen Freunden und Wegbegleitern, die mir stets mit Einsichten, Rat und Feedback zur Seite standen. Und zuletzt meinen Eltern, die mir gleichermaßen die Welt der Geschichten nahegebracht wie auch einen klugen Blick auf die Welt eröffnet haben.

BILDVERZEICHNIS

S. 24 © IMAGO / Everett Collection; S. 26 © Lifestyle pictures / Alamy Stock Photo; S. 28 © IMAGO / Everett Collection; S. 30 © IMAGO / ZUMA Press; S. 32 © IMAGO / Allstar; S. 34 © IMAGO / United Archives; S. 36 © IMAGO / Cinema Publishers Collection; S. 38 © IMAGO / ZUMA Wire; S. 44 © IMAGO / Everett Collection; S. 46 © IMAGO / Mary Evans; S. 48 © IMAGO / Everett Collection; S. 50 © IMAGO / ZUMA Press; S. 52 © IMAGO / United Archives; S. 54 © Atlaspix / Alamy Stock Photo; S. 60 © IMAGO / EntertainmentPictures; S. 62 © IMAGO / Cinema Publishers Collection; S. 64 © IMAGO / Everett Collection; S. 66 © IMAGO / Allstar; S. 68 © The Picture Art Collection / Alamy Stock Photo; S. 70 © IMAGO / Everett Collection; S. 72 © IMAGO / Prod.DB; S. 74 © IMAGO / Cinema Publishers Collection; S. 80 © IMAGO / EntertainmentPictures; S. 82 © IMAGO / Everett Collection; S. 84 © IMAGO / Everett Collection; S. 86 © LANDMARK MEDIA / Alamy Stock Photo; S. 88 © IMAGO / Everett Collection;

»Ein weiterer ereignisloser Tag in einem ereignislosen Leben. Ein Unspektakel jagt das Nächste, und wenn ich nicht aufpasse, kaufe ich mir morgen einen Gartenzwerg und sortiere meine Tassen nach Farben.«

50 Sofortstrategien
gegen Stress, Angst,
Liebeskummer und andere
mentale Notlagen